Neylor Aarão

AQUECIMENTO GLOBAL
DESAFIOS DO DIREITO AMBIENTAL

Global Warming:
Challenge Environmental Law

2ª edição

1

" *É preciso defender a vida numa civilização que lucra com a morte.*"

Antônio Souza Prudente

Sumário

Ficha Catalográfica

AARÃO, Neylor. Aquecimento Global: desafios do direito ambiental / Neylor Aarão. - 2. ed. - Congonhas, MG: 2010. 84 p.; 22 cm.

Inclui referências bibliográficas.

ISBN: 9798265804204

1. Direito ambiental — Brasil. 2. Aquecimento global. 3. Mudanças climáticas — Aspectos jurídicos. 4. Sustentabilidade. 5. Política ambiental.

I. Título.
CDD: 344.046
CDU: 349.6

INTRODUÇÃO.

Para compreender a dinâmica nas questões ambientais é também necessário compreender todo seu caminho e evolução. Até mesmo suas imperfeições.

Imperfeições estas pertinentes à existência do próprio ser humano em sua relação com o meio ambiente.

Ainda e assim, devemos apostar em interpretações que geram uma visão cumulativa, a qual nos faz perceber que mesmo em iniciativas que não são perfeitas, acabadas, podemos estar dando importante passo.

Portanto, faz-se necessário olhar o passado para tratar do agora, sem perder de vista o amanhã.

No entanto, muitas pessoas ainda não compreenderam isso, e se encontram arraigadas na busca cega pelo "desenvolvimento", destruindo de forma irracional as bases de sua própria sustentação.

Não percebem que dependem de uma base ecológica sólida e sustentável, para a sua própria existência e de seus descendentes.

Vivem como se fossem a última geração sobre a Terra...

Neste contexto torna-se imprescindível buscarmos e semearmos o conhecimento, como condição única para escaparmos da indigência intelectual, para uma sociedade mais informada e preparada para este século.

Portanto, reconhecer na evolução do Direito Ambiental e deste pensamento, alternativas para enfrentar os problemas atuais e desafios futuros, frente ao iminente risco do aquecimento global, é repensar nossa própria condição, que poderá implicar acima de tudo uma mudança de pensamento e de atitude, uma mudança no próprio coração.

No entanto, como bem disse Dalai Lama: "*Se não podemos modificar o nosso próprio comportamento, como podemos esperar que os outros o façam?*".

Assim, o presente estudo pretende percorrer os principais caminhos da evolução do direito e do pensamento ambiental, sobre a ótica do autor, desde seu berço até os dias atuais, de forma sucinta e objetiva, destacando aspectos de interesse e marcos reconhecidamente importantes. Traçando, por conseguinte, questões relevantes e divergentes sobre o aquecimento global e as consequentes alterações climáticas, que se apresentam como o maior problema ambiental a ser enfrentado pela humanidade.

Após um entendimento geral destas questões, serão analisados alguns dos mais importantes institutos do Direito Ambiental, capazes de enfrentar os problemas do aquecimento global de origem antropogênica, oferecendo uma chance razoável de sobrevida à raça humana, preservando a condição de vida em nosso planeta para esta e para as futuras gerações. Contudo, esperamos acreditar que ao final, "*nosso tempo possa ser lembrado pelo despertar de uma nova referência face à vida, pelo compromisso firme de alcançarmos a sustentabilidade, a intensificação dos esforços pela justiça e pela paz, e a alegre celebração de nossa existência em nosso planeta*"[1].

---

[1] A Carta da Terra é uma declaração de princípios éticos fundamentais para a construção de uma sociedade global justa, sustentável e pacífica. Fonte: https://earthcharter.org/wp-content/uploads/2021/02/Carta-da-Terra-em-portugues.pdf

1. DIREITO AMBIENTAL.

1.1 Introdução ao Direito Ambiental

Antes, vamos entender as gerações de direitos que se sucederam ao longo de sua evolução.

BOBBIO[2] ao tratar dos direitos de primeira geração, os localiza *nos direitos garantidores da liberdade individual* dos sujeitos de direito. Os de segunda geração são aqueles referentes aos *direitos sociais*, constitucionalmente consagrados nas nações democráticas. Por conseguinte, os direitos de terceira geração, se verificam em pleno desenvolvimento conceitual, assim também como os de quarta geração. Os direitos de terceira geração são diferenciados, principalmente pela visualização que os operadores do direito tecem a seu respeito, considerando-os como aqueles denominados *direitos solidários*. Estes direitos aparecem no ordenamento jurídico como direitos *"coletivos"* ou *"difusos"*. Já os direitos de quarta geração, tratam dos *direitos inerentes às pesquisas biológicas* que permitirão a manipulação do patrimônio genético das espécies.

No entanto é esta terceira geração de direitos que nos interessa. Aqui se encontra arraigado o Direito Ambiental, no patrocínio dos direitos difusos e coletivos.

A tutela sobre a condição de vida em um ambiente equilibrado e propício à sobrevivência e interação das espécies, em nenhum tempo poderia deixar de estar inserida no mundo jurídico.

Esta evolução do direito vem consagrar uma necessidade latente de manutenção do equilíbrio dos ecossistemas para toda vida, claramente percebidos no artigo 225, *caput,* de nossa Constituição Federal de 1988[2].

Pode-se afirmar que a consolidação do Direito Ambiental é um fato novo para a Ciência do Direito, encontrando-se em pleno desenvolvimento. A concretização dos valores e princípios consagrados na atual Carta Magna veio convergir e reafirmar a sua dinâmica evolutiva e necessária para a proteção e preservação ambiental.

A doutrina assim subdivide o meio ambiente:

a) *meio ambiente natural:* é aquele considerado "in natura", constituído pela flora, fauna, solo, água, atmosfera, ecossistemas, etc., (art. 225, §1º, I, VII);

b) *meio ambiente artificial:* são as intervenções antrópicas no meio ambiente natural (art. 182, art. 21, XX e art. 5º, XXIII);

c) *meio ambiente cultural:* constituído pelo patrimônio cultural, histórico e artístico, arqueológico, paleontológico, científico, paisagístico, manifestações culturais, populares, etc. (art. 215, §1º e §2º); e,

d) *meio ambiente do trabalho:* conjunto de condições existentes no local de trabalho que trata da qualidade de vida laboral do trabalhador (art.7, XXII e art. 200, VIII).

MILARÉ[3] conceitua o Direito Ambiental como "*o complexo de princípios e normas coercitivas reguladoras das atividades*

---

[2] CF/88 - Art. 225– "Todos têm direito ao meio ambiente ecologicamente equilibrado, bem de uso comum do povo e essencial à sadia qualidade de vida, impondo-se ao Poder Público e à coletividade o dever defendê-lo e preservá-lo para as presentes e futuras gerações.

[3] MILARÉ, Édis. *Direito do ambiente.* 2ª ed. Rev., atual. e ampl. São Paulo : Editora RT, 2001. p. 109.

humanas que, direta ou indiretamente, possam afetar a sanidade do ambiente em sua dimensão global, visando a sua sustentabilidade para as presentes e futuras gerações".

Evolutivamente o Direito Ambiental caminha para sua amplificação, consagrando sua internacionalidade, interdisciplinaridade e transversalidade com os demais ramos e ciências jurídicas, podendo notar cada vez mais, a interligação desta disciplina com outros ramos do Direito.

Assim, faremos um breve estudo na trajetória deste conceito, sem a pretensão de se esgotar o assunto, objetivando reconhecer e observar sua história remota, bem como sua relação com as necessidades dos povos em diversas gerações, de promover constantemente e em diversas situações, umas vezes por instinto, outras por necessidade, a preservação e proteção do meio ambiente.

1.2 Meio Ambiente

1.2.1 Conceito de meio ambiente

MILARÉ[4] menciona ainda, que o termo *"meio ambiente"* (*milieu ambiance*), foi cunhado pela primeira vez pelo naturalista francês Geoffrey de Saint-Hilaire em sua obra *"Études progressives d´un naturaliste"*, datada de 1835, onde *"milieu"* significa o lugar onde está ou se movimenta um ser vivo, e *"ambiance"* designa o que rodeia esse ser.

No Brasil, o conceito legal de meio ambiente encontra-se disposto no art. 3°, I, da Lei n°. 6.938/81, que dispõe sobre a Política Nacional do Meio Ambiente, que diz que

---

[4] MILARÉ, Édis. *Direito do ambiente*. 2ª ed. Rev., atual. e ampl. São Paulo : Editora RT, 2001

meio ambiente é "*o conjunto de condições, leis, influências e interações de ordem física, química e biológica, que permite, abriga e rege a vida em todas as suas formas*".

Nessa perspectiva, José Afonso da Silva conceitua de forma sucinta, porém esclarecedora, que "*meio ambiente seria a interação do conjunto de elementos naturais, artificiais e culturais que propiciem o desenvolvimento equilibrado da vida em todas as suas formas*".

Assim, o "*meio*" também está socialmente relacionado com externalidades *(ambiente)* que influenciam a vida de um indivíduo ou de uma coletividade.

1.2.2 O berço do Direito Ambiental

A ação predatória e paulatina do homem sobre a terra é tão antiga quanto a sua própria existência. Se considerarmos que, desde quando o homem passou a viver em sociedade, fez-se presente suas necessidades de consumo, podemos dizer que a natureza vem sendo utilizada para suprir tais necessidades, desde as mais remotas civilizações que se tem registro.

Se nosso planeta sempre foi provedor, nunca deixou de ser degradado pelo homem, isso porque para sua satisfação, desde sempre, precisou lançar mão à natureza, transformando seus recursos naturais para satisfação destas necessidades.

No entanto, paralelamente a estas necessidades, também amadureciam algumas medidas protetivas. Paulo Ferreira de Souza destaca algumas providências tomadas por vários povos, dentre estas, algumas das dinastias chinesas (SOUZA, 1934).

Na maior dinastia em toda a história chinesa, a dinastia Chow (1122 a 255 a.C.), havia uma recomendação do Imperador para a preservação natural de florestas. Já a dinastia Tang (220 a

12

265 a.C), conhecida pela invenção da imprensa e a utilização da pólvora em armas de fogo, tornou-se também conhecida por reflorestar áreas desmatadas. Na dinastia Sung (420 a 589 a.c.) havia a divulgação de métodos naturais e artificiais de regenerar e melhorar o povoamento, o aproveitamento e o uso racional das florestas. E, por destaque final a dinastia Ming, de 1358 a 1644 a.C, que à época, já experimentava estações de silvicultura.

Já na Grécia, Juraci Perez Magalhães[7], destaca que ainda no século IV antes de Cristo (a.c.), o filósofo Platão lembrava *"o papel preponderante das florestas como reguladoras do ciclo das águas e defensoras dos solos contra a erosão"*.

Marcus Tullius Cícero (106 a.C a 43 a.C), cônsul da Roma antiga, que é normalmente visto como uma das mentes mais versáteis daquele tempo, distinguindo-se como linguista, tradutor, filósofo, além de orador impressionante e advogado de sucesso, considerava inimigos do Estado, os que abatiam as florestas da Macedônia.

Datada de 450 a.C, a famosa Lei das XII Tábuas (*Lex Duodecim Tabularum*), constituía uma antiga legislação que está na origem do direito romano, formando o cerne da constituição da República Romana, das antigas leis não escritas e regras de conduta (*mos maiorum*). As Doze Tábuas foram literalmente inscritas em doze tabletes de madeira e posteriormente afixadas no Fórum romano, com objetivo de dar destaque e conhecimento a seu conteúdo. Já naquela época, traziam consigo disposições para se prevenir a devastação das florestas.

Mesmo se considerarmos que tais intenções fossem de cunho meramente econômico ou estratégico, não há que se negar a necessidade, ainda naquela época, de promover a preservação e proteção do meio ambiente natural.

Portanto, é notado que o ***primeiro código escrito pelo homem*** já trazia dispositivo destinado a prevenir as devastações

13

nas florestas, sendo esta preocupação notada em praticamente todos os outros códigos que o sucederam.

Sabe-se também que Asoka, citado como o um dos maiores imperadores da Índia, que reinou sobre a maior parte do território correspondente à Índia moderna, promulgou em 242 a.C. um decreto de proteção aos animais terrestres, peixes e florestas. Mesmo se considerarmos que a conversão do imperador ao budismo, possa tê-lo influenciado pela noção do espírito de harmonia entre homem e natureza, não podemos deixar de considerar a importância de tal normatização.

O soberano mogol Kublai Khan (1216 – 1294), fundador da dinastia Yuan e responsável pela dominação e reunificação na China, que também era neto do grande Gengis Khan, é citado nas histórias de Marco Polo (1254 -1324) por proibir a caça durante o período de reprodução das aves e dos mamíferos.

Assim, mesmo em épocas remotas, nascituras ao Direito Ambiental, já se percebia localizadamente o ensaio para o que viria a ser um de seus grandes desafios: manter o equilíbrio ambiental e a qualidade *da vida* em nosso planeta.

Já no Brasil as primeiras leis de proteção ambiental foram herdadas do país colonizador Portugal, com o desembarque do povo lusitano à nova terra, que, como sabido, foram descobertas e conquistadas no início do século XVI.

1.2.3 – O Brasil e o direito ambiental

Muitos consideram o período colonial, entre 1500 e 1808, como o berço do Direito Ambiental brasileiro. Também se reconhece neste período uma das maiores devastações da fauna e da flora local, em especial da Mata Atlântica, causada pela exploração predatória do pau-brasil e pela franca expansão das lavouras de cana-de-açúcar.

14

Para se ter ideia, três anos após o descobrimento teve início a exploração do pau-brasil, que movimentaria a economia da colônia brasileira durante cerca de quatro décadas. Estima-se que durante esse período, foram exploradas 300 toneladas de madeira por ano.

No entanto, somente em 1542, quase 2.000 anos após a famosa Lei Romana das XII Tábuas, a devastação das matas levou o governo português a elaborar a primeira Carta Régia[5], que foi dirigida às autoridades. Em seu conteúdo, determinava normas para o corte e punições para o desperdício de pau-brasil. Claro que a medida não foi tomada por motivos de preservação ambiental, preocupação inexistente na época, mas para garantir à Coroa Portuguesa o controle sobre o recurso natural.

Juraci Perez Magalhães[6] destaca alguns momentos da ordenação ambiental na fase colonial. Segundo o estudioso, no período entre o descobrimento e 1548, eram aplicadas na colônia as Ordenações Manuelinas, que em seu Livro V, que trata *"Da pena que averam os que poem foguos"*, título LXXXIII, proibia a caça de perdizes, lebres e coelhos. Ainda neste mesmo livro, o título "C" tipificava como crime o corte de árvores frutíferas.

A partir de 1548, com a instituição do Governo Geral, este passou a expedir regimentos, ordenações, alvarás e outros instrumentos legais, o que marcaria certamente, o nascimento do Direito Ambiental próprio da *Terra Brasillis*.

No entanto em 1580, depois de invadir e dominar Portugal, o monarca espanhol Felipe II passou a ser ao mesmo

---

[5] CARTA RÉGIA: Nome dado à carta de um rei dirigida às autoridades ou à autoridade e que em seu conteúdo continha, muitas vezes, determinações gerais e permanentes.

[6] MAGALHÃES, Juraci Perez. *A Evolução da Legislação Ambiental no Brasil*, 1998, Ed. Oliveira Mendes, págs. 26/27

tempo rei da Espanha e rei de Portugal, dando origem à União Ibérica.

Com o domínio espanhol também sobre a colônia brasileira, foram aprovadas as Ordenações Filipinas, promulgadas em 11 de janeiro 1603, e é considerado o mais bem-feito e duradouro código, que disciplinou também a matéria ambiental no Livro I, título LVIII; Livro II, título LIX; Livro IV, título XXXIII; Livro V, títulos LXXV e LXXVIII.

Alexandre Moraes[7] destaca que nas Ordenações Filipinas, o Livro V previa pena gravíssima ao agente que cortasse árvore ou fruto, sujeitando-o ao açoite e ao degredo para a África por quatro anos, se o dano fosse mínimo. Caso contrário, o degredo seria para sempre.

Em 1605 era estabelecido o Regimento do Pau-Brasil, fixando a exploração em 600 toneladas por ano, e foi um marco em termos de política florestal, considerado por muitos autores como a **primeira lei de proteção florestal**, no entanto, objetivava limitar a oferta da madeira na Europa, mantendo assim seus preços elevados.

Seu preâmbulo mencionava *ipsis litteris*

"*Eu Ei-rei. Faço saber aos que este Meu Regimento virem, que sendo informado das muitas desordens que lia no certão do páo brasil, e na conservação delle, de que se tem seguido haver hoje muita falta, e ir-se buscar muitas legoas pelo certão dentro, cada vez será o damno mayor se se não atalhar, e der nisso a Ordem conveniente, e necessaria, como em cousa de tanta importancia para a Minha Real Fazenda, tomando informações de pessoas de experiência das partes do Brasil, e comunicando-as com as do*

---

[7] MORAES, Alexandre. *Direito Constitucional*, 8ªedição, S. Paulo, Ed. Atlas, ano 2000, pág. 646

Meu Conselho, Mandei fazer este Regimento, que Hei por bem, e Mando se guarde daqui em diante inviolavelmente". [Grifo nosso – texto original]

O domínio espanhol sobre Portugal e consequentemente sobre a Colônia brasileira, historicamente só tiveram fim em 1640 com a ascensão de D. João IV ao trono português, pondo fim à União Ibérica.

Antônio C. Diegues[8] bem nos ensina que, com a expedição da Carta Régia em 13 de março de 1797, podiam-se notar os primeiros encaminhamentos legais por parte da coroa em direção a defesa da fauna, das águas e dos solos de nossa terra. Isto dado, porque esta afirmava com propriedade, *"ser necessários tomar as precauções para a conservação das matas no Estado do Brazil, e evitar que elas se arruínem e destruam..."* - texto original -. Aqui podemos verificar claramente neste texto régio, um marco em nosso ordenamento jurídico ambiental, que se coloca como **precursor do princípio da precaução** no Direito Ambiental brasileiro, ao se verificar a expressão e sentido das palavras: *"tomar as precauções"*.

Em 1799, surgiu nosso primeiro Regimento de Cortes de Madeiras que estabelecia rigorosas regras para a derrubada de árvores.

José Bonifácio, nomeado em maio de 1801, como Intendente Geral das Minas e Metais do Reino, que tinha como uma de suas principais funções a de "descobrir" e apontar a melhor forma de aproveitar as riquezas minerais existentes em solo colonial português, solicitou em 1802 à Corte, o reflorestamento das costas brasileiras.

---

[8] DIEGUES, Antônio Carlos. *O mito da natureza intocada*. 2ª ed., São Paulo: Hucitec, 1996. p. 111.

Em 1808 D. João VI criou o Real Horto Botânico do Rio de Janeiro (atual Jardim Botânico do Rio de Janeiro), como uma área de preservação que seria considerada nossa primeira unidade de conservação, destinada a preservar espécies e estimular estudos científicos. Na época a área contava com mais de 2.500 hectares, hoje, no entanto, fora reduzido a 137.

Uma ordem de 9 de abril de 1809, prometia liberdade aos escravos que denunciassem contrabandistas de pau-brasil. Já um decreto em 3 de agosto de 1817, proibia o corte de árvores nas áreas das nascentes do Rio Carioca, localizado no Rio de Janeiro.

Em 17 e julho de 1822 - antes de D. Pedro I bradar *"Independência ou Morte!"* -, o imperador exigiu a conselho de José Bonifácio, a normatização do sistema de distribuição de terras destinadas à produção, o sistema de sesmarias. Isto porque, ao se democratizar o acesso a terra para produção, os posseiros se utilizavam do fogo para limpar a área e preparar a terra, destruindo os nutrientes do solo e outros recursos naturais.

Em 1830, o desmatamento realizado até então no Brasil não chegava a 30 mil km2. Hoje se corta mais do que isso a cada dois anos.

Em 1844, o Ministro Almeida Torres, para preservar os mananciais do Rio de Janeiro, propôs desapropriações e plantios de árvores.

A situação de sesmarias permaneceu até 1850, quando, com o advento da primeira Lei de Terras do Brasil, a Lei n° 601, editada por D. Pedro II, passou a ser considerado crime a derrubada de matos ou o ateamento de fogo, podendo o infrator ser punido com prisão de 2 a 6 meses e multa, além de estar sujeito a sofrer outras sanções civis e administrativas.

Ponto importante e de destaque na Lei n° 601 é o *"princípio da cultura"*, expresso nos termos e parágrafo que segue:

> *Art. 6° Não se haverá por princípio de cultura para a revalidação das sesmarias ou outras concessões do Governo, nem para a legitimação de qualquer posse, os simples roçados, derribadas ou queimas de matos ou campos, levantamentos de ranchos e outros atos de semelhante natureza, não sendo acompanhados da cultura efetiva e morada habitual exigidas no artigo antecedente.*

Este princípio era exigido para legitimação da posse, e desconsiderava para tanto, *"os simples roçados, derribadas ou queimas de matos ou campos, levantamentos de ranchos e outros atos de semelhante natureza"*, se estes não fossem acompanhados da *"cultura efetiva e morada habitual"*.

O professor Juraci Perez Magalhães[9] destaca com muita propriedade, a inobservância deste *"princípio da cultura"* na ocupação na Amazônia. Naquela época os ocupantes promoviam um desmatamento descontrolado e ilegal para implantação de semeaduras modestas, pedindo então e imediatamente, o reconhecimento e legalização destas terras pelo Governo, na execução do PIN – Programa de Integração Nacional. Este programa é hoje reconhecido como um dos grandes responsáveis pela devastação da Amazônia.

Voltando a nossa ordem cronológica, em 1861 foi criada a Floresta da Tijuca, pela edição do decreto imperial 577 de D. Pedro II, e vejam bem, já naquela época foi observada a necessidade de seu reflorestamento.

---

[9] MAGALHÃES, Juraci Perez. *A evolução do direito ambiental no Brasil.* São Paulo: Oliveira Mendes, 1998, p. 27-28.

No início do período republicano, em 1895, o Brasil subscreveu em Paris o convênio das Egretes, com objetivo de preservar milhares de garças que povoavam rios e lagos da Amazônia.

Fomos signatários ainda de outros convênios em 1902, com a finalidade de proteger as aves úteis à agricultura.

Em 26 de junho de 1911, com o advento do Decreto n° 8.843, foi criada o que seria entendido como a primeira reserva florestal brasileira, no antigo Território do Acre. No entanto, essa imensa reserva florestal, não seria implementada.

À mesma época sob o governo do Marechal Hermes, fora realizada a primeira tentativa de elaboração de um Código Florestal Nacional, fato também que não se concretizou.

O art. 584 de nosso Código Civil de 1916, vigente à época, proibiu as construções capazes de poluir ou inutilizar, para o uso ordinário, a água de poço ou a fonte alheia.

Em 1921 foi criado o Serviço Florestal do Brasil, com objetivo de conservação e aproveitamento das florestas, que seria sucedido em 1925 pelo Departamento de Recursos Naturais Renováveis, com advento do Decreto n° 17.042/25.

Nos idos de 1923, outra medida importante que podemos considerar foi a possibilidade de impedir que as fábricas e oficinas pudessem prejudicar a saúde dos moradores e de sua vizinhança, possibilitando o isolamento e o afastamento de indústrias nocivas ou incômodas, medidas estas reguladas pelo Decreto n° 16.300, de 31 de dezembro daquele ano.

O campo legal da defesa ambiental começa a se encorpar e ganhar destaque com as primeiras codificações sobre proteção dos recursos naturais.

O primeiro Código Florestal brasileiro surgia em 1934 elo Decreto n° 23.793, de 10 de julho de 1934, e impunha severas restrições ao exercício do direito de propriedade, que, até então, constantes somente no Código Civil e no Decreto n° 16.300. Desta época data também o Código de Águas (Decreto n° 24.643, de 10 de julho de 1934).

Ainda em 1934, também foi realizada no Rio de Janeiro da I Conferência Brasileira para a Proteção da Natureza, evento muito importante pela sua repercussão em matéria de preservação ambiental.

Na oportunidade foram destacados vínculos entre propostas relacionadas às questões de proteção da natureza e uma ideia mais ampla de construção da nacionalidade, da mesma maneira que a crença na ciência como guia para as políticas a serem adotadas para a conservação do patrimônio natural brasileiro e na necessidade de um Estado forte como seu executor.

Já a Constituição de 1934 foi omissa em matéria ambiental, mesmo assim trazia algumas novidades que merecem destaque. Vejamos três destes:

→ Em seu art. 118, distinguia do direito particular de propriedade, as riquezas do subsolo e as quedas d'água, para efeito de exploração e aproveitamento econômico;

→ em seu art. 5°, XIX, j, atribuía competência privativa a União, e supletiva ou complementar aos Estados, para legislar sobre riquezas do subsolo, mineração, metalurgia, águas, energia hidrelétrica, florestas, caça e pesca e a sua exploração; e,

21

→ em seu art. 10, atribuía competência concorrente a União e aos Estados para cuidarem da saúde, das belezas naturais e dos monumentos de valor histórico ou artístico.

Nesta década também foi criado pelo Decreto-lei n° 1.713 de 14 de junho de 1937, o primeiro parque nacional do Brasil, o Parque de Itatiaia. O nome é de origem indígena que significa "Penhasco Cheio de Pombas" e está localizado na cidade de mesmo nome no Estado do Rio de Janeiro.

Em 1939, ainda foram criados o Parque Nacional do Iguaçu, em 10 de janeiro, através do Decreto-Lei n° 1.035, e o da Serra dos Órgãos em 30 de novembro, pelo Decreto n°. 1.822, editados então pelo então Presidente da República, Getúlio Vargas.

O Brasil também participou da Convenção para a Proteção da Flora, Fauna e das Belezas Cênicas Naturais dos Países da América, realizado em 27 de dezembro de 1940, que foi aprovado em 13 de fevereiro de 1948, pelo Decreto Legislativo n° 3. Essa Convenção tratou de assuntos como, por exemplo, a definição de Parques, Reservas e Monumentos Nacionais, Reservas de Regiões Virgens, proteção às aves migratórias e de espécies ameaçadas de extinção, bem como da importação, exportação e trânsito de espécies protegidas da flora e fauna.

Em 1946 a promulgação da Constituição da República Populista nos reconduziu ao regime democrático, mas não contemplou a matéria ambiental. Seu o mérito neste caso, se deve à introdução em seu texto da desapropriação por interesse social (art. 141, § 16). Este dispositivo veio a ser regulamentado em 10 de setembro de 1962 pela Lei n° 4.132, onde passamos a considerar como interesse social a proteção do solo, a preservação dos cursos e mananciais de águas, e das reservas florestais.

Na década de 60 o Direito Ambiental ganha contornos mais sólidos, em razão de uma consciência conservacionista já bem evoluída. Esta consciência influenciara de forma decisiva a legislação, a exemplo da Política Nacional de Saneamento Básico, editada pelo Decreto-lei n° 248, de 28 de fevereiro de 1967, que continha diretrizes destinadas à fixação de programa governamental nos setores do saneamento básico e abastecimento de água.

Nas atividades imobiliárias, a Lei n° 4.778, de 22 de setembro de 1965, determinou a oitiva das autoridades florestais na aprovação de planos de loteamento.

Grande avanço se deu ainda com a edição da Lei n° 4.771, de 15 de setembro de 1965, que à época viria a ser o "novo" Código Florestal Brasileiro, que em substituição ao de 1934, permaneceria vigente até os dias atuais.

Em seguida, foi editada a Lei n° 5.197, de 3 de janeiro de 1967, dispondo sobre a proteção à fauna. Neste mesmo ano, vinculado ao Ministério da Agricultura, cria-se o Instituto Brasileiro de Desenvolvimento Florestal – IBDF (Decreto-lei n° 289/67), para fiscalizar o cumprimento da legislação florestal e substituir o Departamento de Recursos Naturais Renováveis, que fora criado em 1925.

Em 1967, veio outra nova Constituição, emendada pela Emenda n°1/1969, que fora decretada pelos "Ministros militares no exercício da Presidência da República". Essas duas cartas não se preocuparam com a proteção ambiental de forma específica, mas sim de maneira esparsa. Há referências separadas sobre florestas, caça e pesca. Analisando essas duas cartas, podemos perceber que a primeira, de 1967, manteve como sua antecessora, de 1946, a expressa necessidade de proteção do patrimônio histórico, cultural e paisagístico (art. 172, parágrafo único), além atribuir à União, legislar sobre normas gerais de defesa da saúde, florestas, caça, pesca, águas e reservas minerais (art. 8°). Já o texto emendado da Constituição de 1969, além de manter tais situações, trouxe uma novidade em seus art. 172, ao dispor que: *"A lei regulará, mediante prévio levantamento ecológico, o aproveitamento agrícola de terras sujeitas a intempéries e calamidades. O mau uso da terra impedirá o proprietário de receber incentivos e auxílios do Governo"* – Texto original. *"Prévio levantamento ecológico"* nos remete ao reconhecimento, acerca da necessidade da promoção de **estudos ambientais prévios.**

Em 4 de novembro de 1971, o I Plano Nacional de Desenvolvimento, aprovado pela Lei n° 5.727, incluiu entre as suas inovações o PIN – Programa de Integração Nacional e o PROTERRA – Programa de Redistribuição de Terras e Estímulos à Agropecuária do Norte e do Nordeste. A falta de integração destes programas com medidas de proteção do meio ambiente se mostraram negativas do ponto de vista preservacionista, levando o Governo a uma revisão de conceitos na elaboração do II Plano Nacional de Desenvolvimento, que fora aprovado em 4 de dezembro de 1974 pela Lei n° 6.151, incluindo medidas de proteção do meio ambiente.

Já em 1979, com o III Plano Nacional de Desenvolvimento, aprovado pela Resolução n° 1/79 do Congresso Nacional, percebeu-se avanços maiores para o Direito Ambiental, entre os quais, a criação do Conselho Nacional do Meio Ambiente – CONAMA e o estabelecimento da responsabilidade objetiva nos casos de danos nucleares (Lei 6.453/77).

No entanto, na década de 80 a legislação ambiental tomou um grande impulso. Até então o ordenamento tinha fundamentos mais voltados aos interesses de ordens estratégicas e econômicas, que ambientais.

Em 1981 seria aprovada a Lei n° 6.902, destinada à proteção da natureza, dispondo sobre a criação de Estações

Ecológicas e Áreas de Proteção Ambiental, que seria regulamentada somente em 1990 pelo Decreto n° 99.274.

A Política Nacional para o Meio Ambiente (PNMA) surgiu em 1981, com edição da Lei n° 6.938, que também instituía a polícia administrativa ambiental. Este avanço no Direito Ambiental, também inova com a exigência dos estudos de impactos ambientais e seus respectivos relatórios (EIA/RIMA) para a obtenção de licenciamento em qualquer atividade modificadora do meio ambiente, que seriam regulamentados em 1986 pela Resolução 001/86 do CONAMA.

Apesar dos avanços trazidos à época, pela lei que cria a Política Nacional para o Meio Ambiente (PNMA), se compararmos aos dias atuais, podemos até mesmo registrar algumas críticas.

Vejamos o art. 2°:

> "*A Política Nacional do Meio Ambiente tem por objetivo a preservação, melhoria e recuperação da qualidade ambiental propícia à vida, visando assegurar, no País, condições ao desenvolvimento socioeconômico, aos interesses da segurança nacional e à proteção da dignidade da vida humana...*".

Se observarmos bem o artigo em tela, vemos que este submete o meio ambiente ao processo de desenvolvimento, como mero instrumento, não fazendo da qualidade ambiental, uma condição "*sine qua non*" ao próprio desenvolvimento. Podemos notar ainda neste mesmo artigo, que as palavras "segurança nacional", são frutos de autoritarismo ditatorial, datada da edição desta lei, haja vista que este termo nos remete a condição de Estado autoritário, capaz de desconsiderar quaisquer tipos de cooperação, para atender aos interesses globais.

Em 1985 a Lei 7.347 viria a disciplinar a ação civil pública de responsabilidade por danos causados ao meio ambiente, um dos mais importantes instrumentos para a regulação e preservação ambiental.

Com a promulgação da Constituição Federal de 1988 a questão ambiental foi alçada a um novo patamar. José Afonso da Silva[13] se expressa muito bem, quando menciona que "*a Constituição de 1988 foi, portanto, a primeira a tratar deliberadamente da questão ambiental*", instituindo mecanismos de proteção e controle, sendo até mesmo tratada por alguns, como "*A Constituição Verde*". A este avanço constitucional, dedicaremos mais adiante um capítulo exclusivo.

O Instituto do Meio Ambiente e dos Recursos Naturais Renováveis – IBAMA, foi criado pela Lei nº 7.735 de 22 de fevereiro de 1989, viria a ser criado pela fusão do Instituto Brasileiro de Desenvolvimento Florestal (IBDF), e de mais três entidades que atuavam na área ambiental: Secretaria do Meio Ambiente (SEMA), Superintendência da Borracha (SUDHEVEA) e Superintendência da Pesca (SUDEPE).

Em 1997 o CONAMA editou a Resolução 237 objetivando estabelecer procedimentos e critérios para o licenciamento ambiental, incorporando a este, os instrumentos de gestão ambiental, instituídos pela Política Nacional de Meio Ambiente.

Em 1998 era sancionada a Lei nº 9.605/98, também conhecida como "Lei de Crimes Contra a Natureza", que dispõe sobre as sanções penais e administrativas derivadas de condutas e atividades lesivas ao meio ambiente.

Também há que se destacar, no ano de 2000, a edição da Lei nº 9.984 que versa sobre a criação da Agência Nacional de Água - ANA, entidade federal de implementação da Política Nacional de Recursos Hídricos e de coordenação do

Sistema Nacional de Gerenciamento de Recursos Hídricos. E ainda, neste mesmo ano, foi regulamentado o art. 225, § 1°, incisos I, II, III, e VII da Constituição Federal, com a edição da Lei n° 9.985, em 18 de julho, que institui o Sistema Nacional de Unidades de Conservação da Natureza.

1.2.4 A Constituição de 1988

Com a Constituição Federal de 1988, decretada e promulgada pela Assembleia Nacional Constituinte, deu-se um salto na evolução do direito ambiental brasileiro, ao se dedicar um capítulo exclusivo ao meio ambiente, inserido no Título VIII – Da Ordem Social, considerado este por José Afonso da Silva[10], *"um dos mais importantes e avançados da Constituição de 1988".*

O ilustre constitucionalista, ainda assevera:

> *"... a qualidade do meio ambiente se transformara num bem, num patrimônio, num valor mesmo, cuja preservação, recuperação e revitalização se tornaram num imperativo do Poder Público, para assegurar a saúde, o bem-estar do homem e as condições de seu desenvolvimento. Em verdade, para assegurar o direito fundamental à vida". "As normas constitucionais assumiram a consciência de que o direito à vida, como matriz de todos os demais direitos fundamentais do homem, é que há de orientar todas as formas de atuação no campo da tutela do meio ambiente".*

Vale rever o *caput* do art. 225:

---

[10] SILVA, José Afonso da. Curso de Direito Constitucional Positivo, 17ª edição, Ed. Malheiros, pág. 818

"Todos têm direito ao meio ambiente ecologicamente equilibrado, bem de uso comum do povo e essencial à sadia qualidade de vida, impondo- se ao Poder Público e à coletividade o dever de defendê-lo e preservá-lo para as presentes e futuras gerações".

Ainda e assim, a "Constituição Verde" não impõe somente ao Poder Público, mas também à "coletividade", o dever de defender e preservar o meio ambiente para esta e para as futuras gerações.

Com vistas ao dispositivo em tela, podemos ainda perceber que defender e preservar o meio ambiente não é atribuição apenas do Estado, mas de toda a sociedade, e, enquanto bem de uso comum do povo, sua defesa deve ser promovida por *"todos"*, sem necessariamente de se invocar a intervenção estatal.

Percebemos ainda que não se trata apenas de um direito, mas de um dever e obrigação. A participação responsável e solidária desta geração para consigo e para com as futuras gerações, pode ser a garantia da qualidade de vida em um ambiente ecologicamente equilibrado e sustentado no tempo.

Desta maneira, a Nova Carta impõe à sociedade uma maior responsabilidade e participação nas questões ambientais, pois, considera que a preservação da natureza é função de todos, e ainda, que organismos estatais cuidariam de problemas e processos relacionados com o meio ambiente, e que o Ministério Público

tutelaria nosso bem comum, contra aqueles que desrespeitassem as legislações ambientais.

2. EVOLUÇÃO DO PENSAMENTO AMBIENTAL.

Desde a década de 60, a relação entre o modelo de crescimento econômico e a deterioração ambiental já é objeto de estudo e preocupação internacional.

No entanto, somente nos anos 70, com receio de exaustão dos recursos naturais e dos estragos causados pela crescente poluição, ganham força as noções de escassez destes recursos. Esta constatação teve seu ápice, com a crise mundial do petróleo que teve início no final de 1973, que tanto alertou para a possibilidade de finitude, quanto de dependência econômica destes recursos. Poucos eram os que se aventuravam a destacar os aspectos sociais dessa crise.

Ao se verificar a vulnerabilidade dos recursos naturais frente ao modelo produtivista e consumista, surgem os movimentos ambientalistas, que denunciavam a má gestão do planeta ao se buscar a qualquer preço o crescimento econômico.

Neste sentido, consolidavam-se estes pensamentos, com propostas inovadoras.

McCormick[11] assim pactua, quando afirma que:

---

[11] MCCORMICK, John. 1964. *Rumo ao Paraíso: a história do movimento ambientalista*; tradução de Marco Antonio Esteves da Rocha e Renato Aguiar. – Rio de Janeiro: Relume-Dumará, 1992. p.61.

"[...]a natureza e os recursos naturais deixaram de ser a única preocupação. O novo ambientalismo abrangia tudo, desde a superpopulação e a poluição aos custos da tecnologia e do crescimento econômico... ia além do mundo natural questionando a essência do capitalismo."

Nesse enfoque, Manoel Cabral de Castro[12] coloca que:

"... a racionalidade econômica é colocada em questionamento a partir dos problemas que gera quando se desprende da moral e da ética. Essas críticas revelaram que as ciências econômicas, que administravam a aldeia global em sua busca pela eficiência, punham em perigo a morada de toda a vida".

Nesta senda, iniciaram-se os movimentos ambientalistas.

Alguns marcos podem ser questionáveis, no entanto, em se tratando de meio ambiente, a questão se pacifica quando se refere à Conferência das Nações Unidas sobre o Meio Ambiente Humano, realizada entre 5 e 15 de junho de 1972, em Estocolmo, capital da Suécia.

Esta foi a primeira tomada de atitude no âmbito mundial, para se tentar organizar as relações entre homem e meio ambiente, com vistas aos graves problemas que eram detectados em detrimento da poluição atmosférica e de seus

---

[12] CASTRO, Manuel Cabral de. *Desenvolvimento sustentável: a genealogia de um novo paradigma.* In: Revista Economia & empresa. São Paulo, v. 3, n.3, julho/setembro de 1996, p.07.

resultados negativos futuros, devidamente identificados e alertados pela comunidade científica.

Naquela época foram firmados os princípios norteadores do direito ambiental internacional, que acabaria por influenciar de maneira positiva, todo o aparato legal em todo o mundo.

Emanada naquela oportunidade a Declaração de Estocolmo, o direito ao meio ambiente foi alçado a um patamar que daria novos rumos à propagação de sua preservação.

Em seu primeiro princípio, esta declara que:

> *"O homem tem o direito fundamental à liberdade, à igualdade e ao gozo de condições de vida adequadas num meio ambiente de tal qualidade que lhe permita levar uma vida digna e gozar do bem-estar, e tem a solene obrigação de proteger e melhorar o meio ambiente para as gerações presentes e futuras."*

A necessidade e tendência de realinhamento dos países desenvolvidos, para estratégias modernas de desenvolvimento socialmente includente, ambientalmente sustentável e economicamente sustentado, coincidiu com a Conferência de Estocolmo, que sucedeu aos 30 anos de crescimento acelerado e de progressos sociais discutíveis.

Em contraponto, a posição desenvolvimentista era a favor da autonomia dos países, em relação à adoção de restrições ambientais, princípio que ficou estampado do texto da Declaração, que acabou dando liberdade aos países para continuarem a poluir o meio ambiente em busca do almejado desenvolvimento econômico.

O Brasil, neste contexto, surgira com três linhas principais: a defesa da soberania nacional irrestrita em relação ao uso de recursos naturais; a ideia de que a proteção ambiental deveria vir somente após o crescimento da renda per capta; e, a de que o ônus da proteção ambiental global seria uma atribuição de responsabilidade exclusiva dos países desenvolvidos.

Desta forma, Brasil e China, que se pactuavam em alguns pontos, lideraram durante as negociações a coalizão dos "países de terceiro mundo e periféricos", contrários ao reconhecimento dos problemas ambientais como prioritários às questões de desenvolvimento.

Posição fora de propósito marcou o Brasil, quando um de seus representantes, conforme se tem notícia, declarou: "Venham (as indústrias poluentes) para o Brasil, nós ainda não temos poluição".

Podemos entender que, pela situação mundial, a conferência transcorrera mais um pouco num contexto de necessidade de reforma social do que de proteção ambiental. Ante muitas incertezas, falava-se muito em proteção ambiental, mas sem alternativas consistentes para equilibrar esta necessidade, com as de promoção do crescimento econômico e social.

A Conferência então, ficara polarizada entre duas correntes principais: a que propunha repensar – ou até mesmo barrar - o crescimento econômico de bases industriais poluentes, baseada no uso de recursos naturais não renováveis, e, a corrente desenvolvimentista, que reivindicava o crescimento advindo da industrialização mesmo com maior ônus da poluição, ou seja, o crescimento a qualquer custo.

O conflito estava instalado, persistindo até os dias atuais.

Assim, já podemos conjecturar as necessidades e dimensionar os obstáculos, em se propor um desenvolvimento global, capaz de equilibrar os interesses sociais, econômicos, ambientais e políticos, ou seja, um desenvolvimento sustentável planetário.

Já o conceito de "*ecodesenvolvimento*" surgiu em 1973 na primeira reunião do Programa das Nações Unidas para o Meio Ambiente - PNUMA, sendo considerado sua autoria do canadense Maurice Strong[17], um dos mais importantes coordenadores do aparato ambientalista internacional. No entanto, o termo "desenvolvimento sustentável", veio surgir em 1980 no documento denominado World Conservation Strategy: living resource conservation for sustainable development, elaborado pela Aliança Mundial para a Natureza (UICN).

Em 1983, a Assembleia das Nações Unidas encomendou um relatório à Comissão Mundial sobre Meio Ambiente e Desenvolvimento, que foi presidida pela Primeira-Ministra da Noruega, Sra. Gro Harlem Brundtland. Contando com uma equipe composta de 22 membros internacionais, o relatório desta comissão, foi publicado e consagrado em abril de 1987, sendo posteriormente denominado de "Nosso Futuro Comum". A Comissão propôs que o desenvolvimento econômico fosse integrado à questão ambiental, e considerou e conceituou desenvolvimento sustentável, como *"aquele que atende às necessidades dos presentes sem comprometer a possibilidade de as gerações futuras satisfazerem suas próprias necessidades"* [Nosso Futuro Comum, 1991].

O "Relatório Brundtland", como também ficou conhecido, mostrou a necessidade de se promover um desenvolvimento planetário sustentável e sustentado no tempo, devendo ser acessível a todas as nações. Nele, a pobreza recebeu destaque como uma das principais causas e um dos principais efeitos dos problemas ambientais do mundo. Neste conceito de "novo desenvolvimento" formulado, estão embutidos dois importantes princípios: o de necessidade e o da noção de limitação.

O primeiro trata da equidade no sentido de diminuir as desigualdades, principalmente sociais, e o outro se refere às limitações que os estágios tecnológicos e de organização social determinam ao meio ambiente.

Já que as necessidades humanas são determinadas pelos costumes sociais e culturais, isto requer a promoção de valores que mantenham os padrões de consumo dentro dos limites das possibilidades ecológicas. Da mesma maneira, o desenvolvimento pretendido deve basear-se na compatibilidade do crescimento econômico, com o desenvolvimento humano e a qualidade ambiental, assegurando "a todos" (gerações presentes e futuras), as mesmas oportunidades, utilização e distribuição equânime dos recursos.

Assim, nesta nova ordem, o desenvolvimento sustentável vem a ser *"um processo de transformação no qual a exploração dos recursos, a direção dos investimentos, a orientação do desenvolvimento tecnológico e a mudança institucional se harmonizam e reforçam o potencial presente e futuro, a fim de atender às necessidades e às aspirações humanas"* [Nosso Futuro Comum, 1991].

Em 1988 a Assembleia Geral das Nações Unidas aprovou por consenso de todos os participantes, a Resolução 43/196, a qual determinou que a II Conferência sobre o Meio Ambiente Humano deveria se realizar até 1992. Nesta ocasião, o Brasil se ofereceu para sediar a Conferência e foi confirmado na Assembleia do ano seguinte, pela Resolução 44/228.

Vinte anos após a Conferência de Estocolmo, no Rio de Janeiro, foi realizada a "Conferência das Nações Unidas sobre Meio Ambiente e Desenvolvimento" – UNCED, denominada abreviadamente de Rio-92 e Eco-92. Também conhecida como Cúpula da Terra, representou o maior encontro internacional de cúpula de todos os tempos até então, com a participação de 175 países e 102 chefes de estado e de governo, onde foram realizadas uma convenção sobre o clima e outra sobre biodiversidade, uma declaração de boas intenções e uma Agenda de Ação - a Agenda 21.

Esta agenda trata-se de um volume composto de 40 capítulos com mais de 800 páginas, formando um detalhado programa de ação em matéria de meio ambiente e desenvolvimento. Ela pretendia representar a base para a sustentabilidade da vida no planeta e a construção de um novo modelo de desenvolvimento, com a proposta de concretizar a justiça social e promover condições dignas de vida para as presentes e futuras gerações, sem prejuízos ao meio ambiente ou esgotamento de seus recursos naturais.

Por outro lado, sua aplicabilidade institucionalizada é severamente questionada, haja vista que seu cumprimento é facultativo. Trata-se, portanto, de um "acordo político", pois seus signatários não se obrigam juridicamente a praticar seus princípios e diretrizes, o que fica a cargo apenas da análise de conveniência e vontade política de seus governantes. Além do que, deveria ser construída dentro de uma metodologia específica, objetivando integrar cidades, regiões, estados e nações. Há muitas dúvidas se a aplicação isolada surtiu efeitos desejados em seu princípio e proposta.

Num encontro realizado em 1997 no Japão, observadores e jornalistas de todo o mundo participaram do evento onde foi aprovado o Protocolo de Kyoto. Também as Convenções de Mudanças Climáticas e suas condições, foram estabelecidas neste protocolo. Neste encontro os países industrializados se comprometeram pelo acordo, a reduzirem suas emissões combinadas de gases de efeito estufa em pelo menos 5%, em relação aos níveis de 1990.

Neste ínterim, em 22 de março de 2001, definiu-se o novo presidente dos Estados Unidos, e George W. Bush declarou que não apoiaria o Protocolo de Kyoto, alegando que não iria exigir a restrição de emissões de CO2 do setor energético nos EUA e que o país se retirava definitivamente das negociações do Protocolo.

Importantes decisões ainda aguardam os atuais e futuros líderes nacionais e mundiais. Trata-se de um grande desafio da humanidade, regular seus modos e rever seus padrões imediatamente.

Desde então, manifestações para salvar o planeta têm sido organizadas e realizadas ao redor do mundo. Os efeitos negativos das alterações climáticas ganham as devidas proporções nas discussões.

Em Londres, um evento organizado pela "Stop Climate Chaos" exigiu que o governo agisse contra a ameaça do aquecimento global. Em 2007 a chanceler da Alemanha, disse que enfrentar a questão das mudanças climáticas será uma prioridade para o G8 (grupo das nações mais importantes e influentes do mundo, formado por Estados Unidos, Japão, Alemanha, Canadá, França, Itália, Reino Unido e Rússia). A então secretária do Exterior do Reino Unido, Margaret Beckett, disse num encontro em Nova Deli que o subcontinente indiano poderá enfrentar uma combinação de secas e elevações do nível do mar – que devastarão as colheitas de cereais e forçará milhões a fugir dos seus lares – como resultado da elevação das temperaturas globais e das mudanças do clima.

Em julho de 2009, apesar do impasse inicial para um acordo sobre o combate ao aquecimento global entre os países que se reuniram na cidade de Áquila, na Itália, na reunião de cúpula anual do G8, que contou também com a presença dos países em desenvolvimento, o presidente dos Estados Unidos disse que "*acredita num acordo em breve*". Barack Obama ainda observou, "*que ainda há tempo para se buscar um consenso sobre cortes de emissões de gases para combater o aquecimento global, e que as divergências entre os países desenvolvidos e países em desenvolvimento, possam ser resolvidas até a próxima conferência da ONU"*. Tal encontro teria como objetivo, fechar um acordo para o chamado Tratado pós-Kyoto.

Continuando, o presidente americano disse que Brasil e Estados Unidos têm condições de liderar as discussões e a busca por alternativas que permitam ao mundo chegar a um acordo para conter o aquecimento global. No entanto, naquele mesmo encontro, os países do G8 se propuseram a fazer um corte de 80% em suas emissões até 2050, desde que o mundo como um todo, se comprometa a um corte de 50% nesse mesmo período. Mas a proposta fora inicialmente rejeitada pelos países em desenvolvimento, que argumentam não ter como cortar suas emissões de maneira significativa sem prejudicar o seu crescimento. *"Para os países em desenvolvimento é mais complicado cortar as emissões, porque ainda estão em fase de luta contra a pobreza e a miséria"*, comentou naquela oportunidade o principal negociador brasileiro sobre a questão, o embaixador Luiz Alberto Figueiredo Machado, diretor do Departamento de Meio Ambiente e Questões Climáticas do Itamaraty.

Nestas breves considerações, até aqui apresentadas, podemos verificar que a degradação ambiental e a devastadora utilização dos recursos naturais não são recentes, nem tampouco passageiras, pois se entranharam na cultura e hábitos da sociedade moderna, que não se preocupam com a possibilidade de esgotamento destes, nem tampouco, com o iminente risco que assola a qualidade de vida presente e futura.

Nestes termos, ressalta sabiamente Edis Milaré[13]:

> *"[...] tudo decorre de um fenômeno correntio, segundo o qual os homens, para satisfação de suas*

---

[13] MILARÉ, Edis. *Direito do ambiente.* 2ª ed. Rev., atual. e ampl. São Paulo : Editora RT, 2001. p. 38

novas e múltiplas necessidades, que são ilimitadas, disputam os bens da natureza, por definição limitados. E é este fenômeno, tão simples quanto importante, que está na raiz de grande parte dos conflitos que se estabelecem no seio da comunidade".

Contudo, a tomada de consciência do iminente perigo de destruição da biosfera afetada pela exploração predatória e descontrolada, desenvolveu-se apenas no fim do século XX, com a percepção do errôneo entendimento, que atribuía à natureza um interesse meramente econômico.

Desde então muito se questiona sobre os avanços práticos das questões abordadas e propostas encaminhadas sobre o tema.

Consagrado estudioso Ignacy Sachs[14], acredita que estamos num momento novo e que é possível retomar o interesse.

Propor o que foi discutido há décadas, obviamente não funcionaria, no entanto, recolocar o debate atual numa perspectiva histórica, do que aconteceu e o que está acontecendo, é absolutamente indispensável. *"O momento atual é marcado pelo fato de que nossas intervenções funcionam como um entrelaçamento do processo do desenvolvimento da humanidade e do processo histórico"*. Durante algum tempo, os recursos naturais eram dados como infinitos, e o que fazíamos não interferia de forma significativa no âmbito maior de nosso planeta. Hoje adquirimos (in)capacidade e tecnologia necessária para desencadear um processo de mudança climática de proporções globais, podendo ameaçar a existência da própria humanidade.

---

[14] SACHS, Ignacy. *Rumo à ecossocioeconomia: teoria e prática do desenvolvimento*. Organizador: Paulo Freire Vieira. São Paulo: Cortez, 2007.

É preciso repensar... Mais do que nunca, precisamos reavaliar o conceito de desenvolvimento. É preciso verificar quais instrumentos obtiveram suas ascensões a status institucionalizados e quais precisam alçar tal status.

> *"O crescimento econômico com resultados sociais e ambientais positivos, numa trajetória triplamente vencedora, é desenvolvimento. Um crescimento forte, mas com impactos sociais e ambientais negativos, não é desenvolvimento; é crescimento social e ambientalmente perverso", é o que o Ignacy chama de "mau desenvolvimento".* [SACHS, 2007]

Assim, o debate sobre o *"modelo de desenvolvimento"*, sempre gira em torno de como o econômico, o social e o ambiental se combinam, sem deixarmos às margens, os interesses políticos.

O Brasil segue três premissas negativas: Ele tem um modelo de crescimento e investimento aquém de países desenvolvidos, com uma política social de cunho assistencialista e problemas ambientais que se avolumam. Em contraponto a isto, Sachs acredita que o Brasil pode se tornar a primeira *biocivilização* da história, com crescimento econômico e resultados socioambientais positivos. Tudo, graças à oportunidade extraordinária que surgem com a bioenergia – energia renovável -, que se for conduzida com a necessária e merecida seriedade, pode alavancar um novo ciclo de desenvolvimento rural, includente e sustentável. Ainda assim Sachs adverte:

> *"Se não tomarmos cuidado com o que fazemos, acabaremos destruindo o planeta [...] A esperança mora sempre dentro de nós. A esperança é uma atitude. Ou seja, por mais críticos que sejamos da realidade, isso não é uma razão para o desespero, mas uma razão*

para mobilizar as forças e superar os obstáculos."
[SACHS, 2007].

O maior encontro diplomático dos últimos tempos foi realizado nas duas últimas semanas de 2009 em Copenhague, capital da Dinamarca, tinha o objetivo de envolver o mundo em ações concretas para evitar o aquecimento global, uma alta descontrolada e paulatina da temperatura resultantes da ação antrópica sobre o planeta.

No entanto, quem acompanhou o encontro entendeu que "omissão" foi a palavra que melhor definiu o "resultado" da 15ª Conferência das Partes (COP), a reunião anual que congrega as nações signatárias da Convenção-Quadro sobre Mudança do Clima das Nações Unidas (United Nations Framework Convention on Climate Change – UNFCCC).

A Dinamarca sonhava que Copenhague entraria para a história como anfitrião de um acordo capaz de substituir o Protocolo de Kyoto, acordado em 1997 no Japão. Mas, para frustração do mundo, nos anais da história somente ficarão registrados a incapacidade de atender interesses coletivos das lideranças de nações participantes e a truculenta repressão aos manifestantes ambientalistas.

O Brasil compareceu, e marcou mais presença pela gafe da Ministra Chefe da Casa Civil, que pelas propostas concretas apresentadas. Em entrevista, a Ministra Dilma Roussef, disse que *"o meio-ambiente é sem dúvida nenhuma uma ameaça ao desenvolvimento sustentável"*.

A esperança era de que os países se comprometessem a cortar gases de feito estufa segundo as recomendações científicas apresentadas ao mundo em 2007, pelo Painel Intergovernamental sobre Mudanças Climáticas (IPCC). As recomendações apontam que para se evitar uma alta da temperatura superior a 2°C neste século, seria preciso que as

40

nações industrializadas cortassem suas emissões de gases-estufa em 25% a 40% até 2020, e em 80% a 95% até 2050.

Ao final, o que se viu foi uma declaração de intenções sem nenhum efeito vinculante. Todos os países participantes reconheceram a necessidade de se evitar uma alta da temperatura em 2°C, ainda neste século, no entanto nenhuma proposta concreta de ação foi matéria de deliberação e compromisso das partes.

As intenções referidas não remetem a nenhum programa de metas, mas em financiamento. No entanto, não existe obrigação por dispositivo legal para aporte dos valores discutidos, nem tampouco explica quais mecanismos institucionais seriam responsáveis pela gestão destes recursos aportados.

As nações ricas se comprometeram a direcionar US$ 30 bilhões nos três anos subsequentes ao encontro, com intuito de ajudar as nações pobres a lidar com as alterações climáticas. Neste entendimento, os Estados Unidos entrariam com US$ 3,6 bilhões, o Japão com US$ 11 bilhões, e a União Europeia com US$ 10,6 bilhões. Difícil está sendo descobrir quem custeará os outros US$ 4,8 bilhões, para que a conta feche. O aporte pretendido deveria ser elevado entre 2013 e 2020, para US$ 100 bilhões por ano. É esperar para ver.

O financiamento de REDD[15](Redução de Emissões por Desmatamento e Degradação Florestal) entrou na carta de intenções da COP 15. O REDD é um mecanismo internacional que tem como objetivo contribuir com a redução e estabilização dos níveis de emissão, sendo, portanto, um mecanismo criado

---

[15] REDD (Reducing Emissions from Deforestation and Forest Degradation in Developing Countries), sigla em inglês para Redução de Emissões por Desmatamento e Degradação Florestal.

para evitar a emissão de carbono, através de compensação financeira.

A ideia é definir valores econômicos para compensar a manutenção das florestas em estado natural, ou o desmatamento evitado, como tem sido tratado na literatura atual. O modelo pensado pela ONU pode levar de cinco a dez anos para se consolidar. No entanto o mercado voluntário mundial já caminha nesta direção.

Exemplo a ser seguido, a Noruega já criou um fundo com 500 milhões para ser investido no desmatamento evitado. Estima-se ainda que o mercado norte-americano seja mais rápido, conseguindo viabilizar suas transações em um prazo de três a cinco anos.

Nosso país, através de seus representantes, tem se posicionado contra o desmatamento evitado temendo riscos à soberania nacional.

Não nos restam dúvidas de que quaisquer ações para preservar a vida e sua diversidade são motivos de celebração e de todo o nosso respeito, contudo, é intrigante que tenhamos que festejar a possibilidade de se criar um mecanismo econômico, para salvar e proteger as riquezas naturais de nosso planeta, que na verdade, são condições indispensáveis para nossa própria existência.

Ainda assim, com todos os percalços, é possível afirmar que chegamos até aqui com um conceito bem mais evoluído sobre as questões ambientais. Talvez não com os resultados necessários. Mas sua dinâmica se avoluma cada vez mais, certamente, e em grande parte, porque este assunto já não se resume às discussões políticas, científicas, restritas a defensores e contestadores acadêmicos, este tema se projetou por todos os continentes, fazendo parte da vida cotidiana da maioria das pessoas. Uma evolução constante em nossas vidas.

No entanto, ainda é preciso insistir para seguirmos adiante, reconhecendo um destino comum no meio de uma magnífica diversidade de culturas e formas de vida, nos unindo em prol de uma sociedade sustentável global, fundada no respeito pela natureza, nos direitos humanos universais, na justiça econômica e numa cultura da paz.

3. O AQUECIMENTO GLOBAL.

O termo "aquecimento global" se refere ao aumento da temperatura da Terra devido à potencialização do efeito estufa, que para alguns cientistas, é considerada a principal causa das frequentes alterações climáticas.

O geofísico Dr. Wallace Smith Broecker, foi quem citou este termo pela primeira vez, em um artigo publicado em 1975 na respeitada revista Science. Este artigo foi intitulado de "Climatic Change: Are We on the Brink of a Pronounced Global Warming?".

Já o termo "mudança climática" pode estar relacionado com o aquecimento global, seja pela potencialização antropogênica do efeito estufa, ou simplesmente por fatores naturais, ou talvez por ambos, afinal, tais "mudanças climáticas" são comuns ao longo da existência e evolução de nosso planeta.

Vejamos:

3.1. As mudanças climáticas

O clima do planeta sempre sofreu alterações naturais e vem sobrevivendo a estas mudanças climáticas há bilhões de anos. Camadas sedimentares revelam que a Terra passou por várias mudanças climáticas nos últimos 4,5 bilhões de anos. Glaciações precederam períodos de clima estável e estes, por sua vez, foram sucedidos por aquecimentos globais. Estes períodos quentes ocasionaram desertificação de amplas áreas continentais, trazendo por sua vez consequências biológicas diversas com a extinção de muitas espécies e favorecimento de outras. Por outro lado, registra-se a glaciação mais antiga acontecida há mais de dois bilhões de anos que, por sua vez, parece ter congelado até as regiões equatoriais. Portanto, a escala de tempo em que ocorriam essas mudanças era outra, e levam milhares de anos de eras geológicas para completarem seu ciclo, assim como a própria vida.

Entretanto, a velocidade e intensidade com que estão ocorrendo no sistema climático regular da Terra, que são perceptíveis em todo globo terrestre, é o que preocupa. Parte dela é depositada na conta da atividade humana, que consequentemente, tem potencializado o efeito estufa.

A Convenção Quadro das Nações Unidas sobre Mudança do Clima, aprovada em 1992, define o fenômeno das mudanças climáticas, como *"mudança que possa ser direta ou indiretamente atribuída à atividade humana, que altere a composição da atmosfera mundial e que se some àquela provocada pela variabilidade climática natural observada ao longo de períodos comparáveis"*.

3.2 O Aquecimento Global

O efeito estufa é um processo natural e responsável por manter aquecida a superfície de nosso planeta. Sem este fenômeno natural, pode-se estimar que a Terra seria um ambiente muito frio, com temperatura em torno de 19°C abaixo de zero. Portanto a vida em nosso planeta seria bem diferente como a conhecemos hoje. Os gases que formam este efeito são capazes de reter o calor dos raios solares na atmosfera, aquecendo nosso planeta, formando uma espécie de incubadora em torno do globo terrestre, impedindo que ele escape totalmente de volta para o espaço.

Este fenômeno natural pode se tornar um problema ambiental, quando a emissão dos gases que participam deste processo (como o gás carbônico, o metano e o óxido nitroso, e até mesmo o vapor d'água) são emitidos acima dos índices normais, o que em tese aumenta a capacidade de retenção do calor, causando um considerável aumento na temperatura normal e regular da Terra.

Esta potencialização é conhecida como Aquecimento Global.

Seus efeitos se aceleraram principalmente, se tomarmos como marco a Revolução Industrial iniciada na Inglaterra em meados do século XVIII, e expandida pelo mundo a partir do século XIX.

O primeiro relatório Painel Intergovernamental de Mudança Climática (IPCC)[16], foi publicado em 1990, e constatou que havia ocorrido uma elevação de 0,5°C na temperatura média de nosso planeta em relação ao século anterior e alertou sobre a necessidade de se tomar medidas severas para diminuir a emissão de gases causadores do efeito estufa, como sendo a única forma de se evitar o aquecimento global. Também identificou que os aumentos da concentração destes gases de efeito estufa se devem ao acelerado crescimento demográfico e econômico, que, aliado aos desenfreados modos de consumo e produção, estão alterando o sistema climático global.

Ao lançar seu Segundo Relatório em 1995, o IPCC confirmou que *"as evidências indicam que existe uma influência detectável da atividade humana sobre o clima global"*. Confirmou ainda que a temperatura média global da superfície da terrestre subiu 0,6°C nesse período, identificando os anos 90 como os mais quentes daquele século, e apontou o ano de 1998 como o mais quente desde 1861. Previu que a temperatura média da superfície da Terra pode aumentar entre 1° e 3,5°C até 2100, o índice mais rápido de mudança desde o final da última

---

[16] IPCC, do inglês *Intergovernmental Panel on Climate Change*. Órgão criado pelo Programa das Nações Unidas para o Meio Ambiente (PNUMA) e pela Organização Meteorológica Mundial (OMM) em 1988 para estudar o problema das mudanças climáticas. Reúne 2.500 cientistas de mais de 130 países. A missão deste Painel consiste em avaliar e reavaliar periodicamente as informações científicas disponíveis sobre os efeitos das mudanças climáticas, destacar seus impactos ambientais e socioeconômicos e traçar estratégias para dar respostas adequadas ao fenômeno.

era glacial, e que o nível médio dos oceanos aumentariam entre 15 e 95 cm.

Foi informado ainda, que a cobertura de gelo sofrera uma redução de 10% desde o final da década de 60, e que a elevação média do nível do mar no século passado, foi de 0,1 a 0,2 metros. Estes dados alarmantes podem se refletir em inundações de muitas áreas costeiras e nos padrões de chuva, aumentando a possibilidade de secas e tempestades em muitas regiões.

Em 2001 o IPCC publicou um terceiro relatório onde destaca a influência da ação humana sobre o aquecimento global. O documento também atribuiu *"com mais de 90% de certeza"*, que a maior parte do aquecimento global dos últimos 50 anos, se deve a emissão de gases que causam o efeito estufa.

Novos dados e estudos científicos permitiram afirmar mais precisamente, que a temperatura da Terra pode subir entre 1,8°C e 4°C até 2100, o que faria com que os oceanos elevassem seu nível de águas entre 18 e 58 cm com o derretimento das camadas polares.

No mesmo documento em seu segundo capítulo, que trata dos impactos da mudança climática, o IPCC afirmou que a elevação de 2°C na temperatura da Terra *"colocará em risco de extinção um terço das espécies do mundo, modificando o meio ambiente planetário de maneira tal que um bilhão de pessoas estarão vulneráveis à fome, sede e doenças"*. Para se ter uma ideia, estima-se que com o aumento das temperaturas dos oceanos, vão ser exterminados quase 20% das espécies de corais. Em cadeia, os peixes também serão afetados com a diminuição de sua população, por não ter onde se abrigar, alterando toda a cadeia natural. Existem cerca de 4 mil espécies de peixes que vivem nos ambientes dos corais, e são o sustento de cerca de 200 milhões de pessoas em todo o mundo.

Em 2007 foi divulgado um novo relatório em três etapas, sendo considerado um marco ao afirmar na primeira etapa, divulgada em 2 de fevereiro, de que *"os cientistas têm 90% de certeza que a humanidade é responsável pelo aumento de temperatura do planeta"*.

Para garantir a qualidade de vida atual, é preciso que o aumento da temperatura média do planeta não ultrapasse 2°C, isto em relação aos níveis pré-industriais, estabelecidos na metade do século XIX.

A 2ª etapa do relatório, divulgado dia 6 de abril, abordou os impactos das mudanças climáticas. Em um capítulo dedicado apenas à América Latina, com detalhes sobre o Brasil, afirma impactos significativos em vários lugares como na Amazônia, no semiárido nordestino e nas regiões litorâneas. As projeções indicam um cenário devastador, causados no meio ambiente e na economia, caso medidas concretas para diminuir o aumento da temperatura do planeta não sejam adotadas rapidamente.

A 3ª etapa foi divulgada em Bangcoc, na Tailândia, no dia 4 de maio. O texto aponta a possibilidade de se deter o aquecimento global se o processo de redução das emissões for iniciado antes de 2015. De acordo com o documento, para salvar o clima do nosso planeta, a humanidade terá de diminuir de 50% a 85% as emissões de CO_2 até a metade deste século.

Contudo, não restam dúvidas sobre a complexidade do sistema climático terrestre e o quanto resta a ser compreendido pelos estudiosos e cientistas, em relação a sua magnitude, tempo e impacto.

Sendo inquestionável a existência deste fenômeno, bem como a certeza de seus reflexos sobre nosso planeta, nos resta saber até que ponto nós estamos influenciando, e o que nos resta fazer.

3.3 Controvérsias sobre o tema

Controvérsias também se instalam. Outro grupo de cientistas e estudiosos, não ligados ao Painel Intergovernamental sobre Mudanças Climáticas (IPCC), acusam os países desenvolvidos de alimentarem o "ecocatastrofismo", para benéfico próprio, afirmando que, *"felizmente para a humanidade, nada disto acontecerá"*.

Estes afirmam que o IPCC, Al Gore e todo aparato de comunicação, estão a serviço dos países interessados, vendendo "factoides" ou um *"consenso fabricado"*, travestido de "verdade científica", e que, na verdade, inexistem quaisquer evidências científicas ou fatos sobre o aquecimento global, capazes de vincular tais emissões antropogênicas de carbono ao aumento da temperatura terrena.

Segundo Phil Chapman[17] geofísico e engenheiro astronáutico que vive em San Francisco e primeiro australiano a se tornar um astronauta da NASA, uma combinação imprevista de atividade solar fraca e do fenômeno La Nina (um resfriamento das águas superficiais do oceano Pacífico Oriental) que aconteceu no ano de 2007, foi o responsável pela súbita queda de não menos de 0,7°C na temperatura média mundial, "cancelando" portanto, em um único ano, todo o aumento de temperatura alegadamente registrado desde 1870, que seria o principal pretexto para todo este alarde sobre o aquecimento global.

---

[17] CHAPMAN, Phil. "*Sorry to ruin the fun, but an ice age cometh*", The Australian, 23/04/2008, Desculpe estragar a diversão, mas uma era glacial está chegando" é o título de um artigo de opinião do geofísico e engenheiro astronáutico Philip Chapman, publicado no The Australian em 23 de abril de 2008. No artigo, Chapman argumenta que uma nova era glacial está chegando, potencialmente iminente devido à baixa atividade solar, e que devemos nos preparar para ela em vez de nos concentrarmos no dogma do aquecimento global

Existem questionamentos também, sobre a impossibilidade de se analisarem adequadamente estes fenômenos biogeofísicos de escala planetária e altamente complexos, na limitadíssima escala de temporal proposta pelo IPCC e pela maioria dos "catastrofistas", ou seja, os últimos 150 anos.

Segundo Caillon[18]:

> *"Se se toma como referência a escala de tempo geológica, pode-se constatar que nos últimos 600 milhões de anos, as temperaturas e as concentrações de CO2 têm aumentado e diminuído, a níveis bem mais altos que os atuais. No caso das temperaturas, os níveis são bem mais baixos do que os atuais, mas, na maior parte do tempo não houve uma correlação clara entre ambas as curvas, como mostram um vasto número de dados indiretos. Quando se verifica uma correlação, como nas últimas centenas de milhares de anos, é a curva de temperatura que precede a do CO2, e não o oposto".*

Outra questão que tem embasado o argumento cético sobre o Aquecimento Global Antropogênico (AGA), se sustenta na desconsideração do Período Quente Medieval (PQM), que se estendeu entre 800 a 1.300 d.C., onde que as temperaturas médias no hemisfério norte chegaram a ser até 2°C superiores às atuais. Um fato histórico que segundo estes, torna absurda a tese de que o aquecimento global poderia ser causado pela civilização da indústria e do combustível fóssil, tendo em vista que a "indústria" mais avançada da época, era a fabricação de potes de cerâmica no vale do rio Amazonas.

---

[18] AILLON, Nicolas et al., *"Timing of Atmospheric CO2 and Antarctic Temperature Changes Across Termination III,"* Science, Vol. 299, 14 March 2003, pp. 1728. (p. 31)

As preocupações com a elevação do nível do mar, devido ao derretimento das calotas polares, são rechaçadas sobre a justificativa de que há 20 mil anos, no auge da última glaciação, os oceanos encontravam-se 120 metros abaixo dos seus níveis atuais. E ainda, que há 6 mil anos, durante o Ótimo Climático Holocênico, quando as temperaturas chegaram a ser de 4°C a 6°C superiores às atuais em algumas regiões, a linha costeira em várias áreas do planeta encontrava-se três metros acima das atuais.

A ideia em síntese, neste contexto, é a de que a dinâmica climática global tem sido condicionada por uma interação extremamente complexa de fatores naturais, que se perpetuam pelas centenas de milhões de anos de existência de nosso planeta, e que são desconsideradas nestes estudos apresentados pelo IPCC. Desta maneira indaga-se sobre a existência de "consenso científico" sobre o assunto, e que muitos cientistas, inclusive ligados ao próprio IPCC, têm negado categoricamente a existência de tal "consenso".

Para se ter outra ideia, o cientista dinamarquês Henrik Svensmark e britânico Nigel Calder, patrocinam a teoria da qual o que determina a temperatura no planeta, é a dinâmica das nuvens e da atividade solar que incide sobre a Terra, conforme publicado no livro The Chilling Stars.

Cada qual dono de sua própria razão, cientistas britânicos "esquentaram o tema" em 2008, ao publicar um estudo onde afirmam *"que as mudanças climáticas em curso, não são causadas tão-somente por mudanças na atividade solar"*. Fundamentos estes que contradizem a teoria de Calder e Svensmark.

Enquanto o assunto não se pacifica, não faltam especulações sobre o que se encontra por trás do alarde sobre o aquecimento global antropogênico.

51

Existem acusações sobre interesses internacionalistas hegemônicos, que controlam ONGs internacionais que ajudaram a criar, principalmente com generosas contribuições financeiras, para patrocínio de interesses próprios. Para estes, o "catastrofismo" ambientalista é apenas um instrumento a serviço de uma agenda política estratégica, orientada e comprometida com interesses do poderio econômico. Em grande medida, para restringir o desenvolvimento de outros países e manter controle dos já desenvolvidos, em uma grande fatia dos recursos naturais do planeta.

A tudo isso, a suspeita de influenciar dentro de suas necessidades e interesses, os resultados das pesquisas científicas sobre o clima, enquanto este se torna um grande e lucrativo negócio, lastreado na vereda ambiental.

3.4 Enfrentamento.

Como pudemos perceber, os efeitos do Aquecimento Global apresentam-se como a mais iminente e grave crise a ser enfrentada em nosso mundo moderno, dada sua natureza planetária, interesses globais e indícios científicos bastante razoáveis acerca da nocividade de nossa conduta.

Nosso modelo capitalista de produção e consumo concorre certamente para o aumento considerável dos níveis de emissão dos gases de efeito estufa na atmosfera, determinado também, pela matriz energética mundial, que se serve de energias não renováveis, a base de combustíveis fósseis.

Associado a estes fatores, a queima de florestas, a agricultura e a pecuária, cooperam conjuntamente com aquecimento global, que vem a ser o grande desafio de nossas estruturas políticas, sociais, econômicas e jurídicas.

Qual prazo ainda nos resta para decidirmos nosso destino entre o colapso e a prosperidade? Em meio a debates o mundo ainda se questiona.

Certo é que neste meio tempo, o homem vem contribuindo para arruinar nosso planeta, se colocando talvez, na posição de maior responsável pelo aquecimento global.

Como não?

No entendimento do Dr. Germano Woehl Jr.[19]

"Para cada 100 cientistas sérios alertando que o homem está causando o aquecimento global, com argumentos científicos bem fundamentados, existe um indivíduo, sem prova científica alguma, dando nada mais do que um palpite negando o fato. Então, alguns jornais passaram a dividir democraticamente o espaço, dando a mesma importância para a conclusão deste grupo de 100 cientistas sérios e para o palpite deste indivíduo, que sem base científica, afirma que as causas do aquecimento se devem a ciclos naturais do clima na Terra."

"A respeito das consequências devastadoras do aquecimento global sobre a vida na Terra, que obviamente também atingirá a nossa vida, só nos resta saber quando vão ocorrer. E neste ponto os cientistas têm errado nas previsões: estão acontecendo bem antes do esperado e com intensidade maior do que o previsto em simulações por computador. Um exemplo foi o que

---

[19] Germano Woehl Jr é Doutor em Física e Ambientalista. Fundador e dirigente do Instituto Rã-bugio para Conservação da Biodiversidade. O texto citado foi extraído do artigo originalmente publicado pela Agência de Informação Frei Tito para a América Latina.

ocorreu na Antártica com a plataforma de gelo Larsen-B, que tinha 240 km de comprimento e 50 km de largura, prevista para derreter em 100 anos. Ela se desprendeu e derreteu em apenas 35 dias, no início de 2002. Isso comprova que os efeitos podem não ser graduais como a nossa geração gostaria (para deixar a conta para a próxima geração, quando não estivéssemos mais por aqui). A conta a ser paga pode surgir subitamente e nos surpreender".

O que fazer então? – O Dr. Woehl acredita que a solução para o aquecimento global e sustentabilidade de nosso planeta, em um primeiro instante, se repousa no aparato legal, que deve ser usado para proibir e impedir imediatamente ações degradantes, como o desmatamento irregular. Em sua opinião, e da qual compartilhamos, esta atitude não depende de avanços tecnológicos, pois só depende do "cumprimento de leis" para que se possa "preservar o que resta de nossas florestas" sendo "a maneira mais racional e óbvia de prolongar nossa vida na Terra". Aqui podemos verificar uma clara menção aos desafios de imposição e cumprimento, dos princípios e textos legais inerentes ao Direito Ambiental.

Compartilhando desta posição, cumpre-nos observar que o Direito Ambiental sempre estará em constante evolução, assim como deve estar toda a humanidade, na constante reanálise de sua existência em nosso planeta.

Por conseguinte, damos destaque neste trabalho, sem a pretensão de se esgotar o assunto, a pontos que consideramos fundamentais e estratégicos, que passam a ser sob a nossa ótica, fundamentais para o sucesso ou fracasso dos desafios impostos ao Direito Ambiental.

4. DESAFIOS DO DIREITO AMBIENTAL.

O Direito Ambiental tem se destacado dentro do atual sistema jurídico, bem representando os interesses difusos e coletivos, dada sua transversalidade e transnacionalidade, se comportando de maneira comprometida e com expectativas de eficiência presente e futura.

Conforme avançamos nos capítulos que se precederam, verificamos a evolução do direito e do pensamento em relação às questões ambientais, até nos depararmos com um grande desafio a superar: O aquecimento global.

Alçamos então, o Direito Ambiental ao rol dos grandes instrumentos para enfrentamento deste desafio.

Nesta vereda não tem como negar ao Direito Ambiental, sua condição, legitimação e responsabilidade na proteção de nosso planeta, de todas as espécies e das gerações presentes e futuras.

Para reconhecermos, porém, sua capacidade de produzir os efeitos desejados e em tempo hábil, vamos destacar os mais importantes institutos e princípios que devem ser aplicados neste caso, e o que deles podemos e devemos esperar para enfrentar este desafio.

4.1 O Direito das futuras gerações

Quem se legitima para colocar em risco o equilíbrio ambiental de nosso planeta, condenado a expectativa de vida e o futuro das próximas gerações?

É preceito de nossa Constituição e mesmo que não o fosse, seria nosso dever moral e ético, *"... o dever de defender e preservar o meio ambiente para as presentes e futuras gerações"*, assegurando assim, a condição para que estas possam suprir suas próprias necessidades, desfrutando uma vida digna e saudável, em um meio ecologicamente equilibrado.

Surge da ideia de *"ecologicamente equilibrado"*, a noção de vida sustentável e sustentada no tempo, haja vista que a vida não se esgota em uma única geração, sendo, portanto, necessário atender suas necessidades, sem comprometer a vida, harmonia e as necessidades das gerações vindouras, buscando sempre compartilhar e cuidar de nosso planeta comum.

O Direito das futuras gerações é um instrumento intergeracional, que tutela as futuras gerações, ao ponto em que o alcance máximo do sistema jurídico civil, se limitava ao direito dos nascituros, buscando preservar seus direitos a partir de sua concepção.

Este instrumento supera a presente geração, se prolongando no tempo, buscando assegurar o direito de quem ainda não foi concebido. Mas não somente um direito à vida como existência em si própria, mas a uma vida digna, com qualidade e harmonia em um planeta ecologicamente equilibrado.

Os recursos ambientais a serem tutelados, que estão sob nossa guarda e disponibilidade, são ao mesmo tempo indisponíveis, pois pertencem a todos. As necessidades de nossa geração deverão ser supridas através da utilização racional e sustentável desses recursos, prolongando e preservando a existência destes bens naturais, garantindo sua manutenção e preservação, para o sustento e sobrevida das futuras gerações.

Não bastassem, estas relações imprimem uma revisão complexa ao próprio comportamento do ser humano, não pondo em causa somente a eficiência dos aspectos legislativos, instrumentais e jurídicos do Direito Ambiental, mas também uma ampla revista em seus valores morais, éticos e solidários.

No mais, o direito de viver em um ambiente ecologicamente equilibrado é um Direto Humano Fundamental, pois está intimamente relacionado com o direito à vida das presentes e futuras gerações.

Borges[20] acredita torna-se indispensável em nosso tempo, esta nova ordem jurídica, até mesmo porque, em causa, está a própria subsistência da vida em nosso planeta, sendo preciso, se quisermos oferecer uma chance razoável às gerações vindouras, que a humanidade se torne um sujeito comum da responsabilidade pela vida.

Jacques-Yves Cousteau[21], na *"Carta de Direitos das Gerações Futuras"*, já preceituava:

> *"Art. 1°. Cada geração, no uso e na herança da Terra, é depositária da confiança das **futuras gerações**, e tem o dever de prevenir danos irreversíveis e irreparáveis para a vida na Terra e para a liberdade e dignidade humanas."* [Grifo nosso].

> *"Art. 5°. Governos, organizações não governamentais e indivíduos são solicitados, assim, a*

---

[20] BORGES, Anselmo. *O crime ecológico na perspectiva filosófico-teológica*, Revista Portuguesa de Ciência Criminal.2000, p. 7.

[21] Direitos das Gerações Futuras - a carta: foi elaborada por Jacques Cousteau. Trata-se da base do projeto de uma política oceânica global que o cientista encaminhou à assembléia geral da Organização das Nações Unidas, em outubro de 1994. Os cinco artigos resumiram as preocupações e advertências e normas que devem ser respeitadas, com a cooperação de todas as nações do mundo, para preservar as condições naturais e de sobrevivência do ecossistema planetário com toda sua fauna e flora. Cousteau morreu em 25/06/1997.

promover imaginativamente estes princípios, **como se estivessem realmente na presença destas futuras gerações,** *cujos direitos buscamos estabelecer e perpetuar".* [Destaque nosso]

Duvidar se compete algum papel especial ao Direito Ambiental, na tutela dos direitos das futuras gerações, poderá parecer quase absurdo, até mesmo para parte da doutrina que ainda não reconhece sua autonomia. Nesta vereda não vem a propósito negar seu papel essencial na proteção dos direitos das futuras gerações, mas reconhecer, assumir e pôr em prática, o que defino por conta própria, como uma *Tutela Antecipada dos Direitos Difusos[22] das Futuras Gerações.*

4.2 Cooperação entre os povos

A cooperação entre os povos está presente nos princípios 9, 12, 20 e 22 da Declaração de Estocolmo (1972), sendo reforçado pela

Declaração do Rio (1992), nos princípios 5, 7, 9, 12, 13, 14, 24 e 27, entendendo-se desta maneira, o reconhecimento de que a proteção ao meio ambiente somente pode se efetivar mediante a cooperação entre todas as nações.

Este princípio encontra assento constitucional, no art. 4º, IX, da Lei Maior, ao afirmar que o Brasil, em suas relações

---

[22] **Direitos Difusos**: *são os direitos transindividuais, de natureza indivisível, de que sejam titulares pessoas indeterminadas e ligadas por circunstâncias de fato."* - Transindividuais: transcendem o indivíduo, ultrapassando o limite da esfera de direitos e obrigações de cunho individual; Indivisível: o bem ambiental a todos pertence, mas ninguém em específico o possui; Titulares Indeterminados: não se determina todos os indivíduos que são afetados; integrados por circunstâncias de fato: experimentam a mesma condição pela circunstâncias fáticas; Inexiste uma relação jurídica.

internacionais, reger-se-á pela cooperação entre os povos, com o objetivo de se alcançar o progresso da humanidade.

MILARÉ[23] justifica que todos os povos devem cooperar na proteção do meio ambiente, não por outra razão, mas tendo em vista que "(...) *as dimensão transfronteiriça e global das atividades degradadoras exercidas no âmbito das jurisdições nacionais"*, *"nem sempre se circunscrevem aos limites territoriais de um único país, espraiando-se também, não raramente, a outros vizinhos* (...) *ou ao ambiente global do planeta"*.

A demanda por medidas de alcance planetário, está presente diante da complexidade de questões concernentes à temática ambiental, particularmente em relação ao aquecimento global. O impacto da ação antrópica sobre o meio ambiente e a escassez de recursos não renováveis, assim como a degradação do meio ambiente e conflitos oriundos de tais fatores, são questões em pauta na agenda de ações governamentais que exigem soluções emergenciais e eficazes.

Para tanto, se faz impreterível a cooperação entre os povos.

As mudanças climáticas decorrentes do aquecimento global têm um impacto em escala planetária, não reconhecendo qualquer fronteira ou limite geográfico. Portanto, exige a coordenação de políticas internacionais comuns, com vistas à mitigação dos efeitos danosos da ação antrópica sobre nosso planeta, a partir da cooperação entre os diversos atores.

Quando os governantes e os povos realmente resolverem cooperar, esperamos que o mais breve possível, as instituições internacionais serão capazes de promover o reajuste

---

[23] MILARÉ, Édis. Direito do ambiente: doutrina, jurisprudência, glossário. 4. ed. rev. ampl. e atual. São Paulo: RT, 2005. p. 172

e a coordenação necessária de políticas globais, assim como estimular um comportamento em tal escala, que se torne capaz de suprir e atender às expectativas e necessidades, dos verdadeiros interesses de nosso planeta.

Esta cooperação a qual nos referimos, é condição *sine qua non* na condução destas questões, com vistas ao interesse planetário, sem a qual o objetivo estará fadado ao fracasso.

4.3 O Princípio do Desenvolvimento Sustentável

O doutor em direito ambiental Paulo Roberto Pereira de Souza[24], acredita que o princípio do desenvolvimento sustentável, representa o grande "desafio" da humanidade para este início de século, haja vista que este princípio se fundamenta na condição de atender as necessidades do presente, sem comprometer as necessidades das futuras gerações.

Sua relação direta com a saúde e a vida, o coloca na situação de um direito e garantia fundamental. Se restarem dúvidas sobre o "direito ao meio ambiente equilibrado e sadio", ser condição suficiente e importante para ser considerado um direito fundamental, tomamos emprestado o conceito de José Afonso da Silva[25], quando bem se expressa, ao afirmar que direito fundamental seria *"... situações jurídicas sem as quais a pessoa humana não se realiza, não convive, às vezes, nem mesmo sobrevive."*.

Este princípio encontra-se também, previsto implicitamente no artigo 225, *caput*, da Constituição Federal, no entanto, já havia sido adotado em Estocolmo e posteriormente reafirmado na Rio92, quando assim se expressa: *"Para se alcançar*

---

[24] SOUZA, Paulo Roberto Pereira de. *O Direito Brasileiro, a Prevenção de Passivo Ambiental e seus Efeitos no Mercosul*. Scientia Juris, Londrina, v. 1, n.1, p. 117-151, jul./dez. 1997.

[25] SILVA, José Afonso da. *Curso de Direito Constitucional Positivo*, 17º edição, 2000. São Paulo Ed. Malheiros Editores.

o desenvolvimento sustentável, a proteção do meio ambiente deve constituir parte integrante do processo de desenvolvimento e não pode ser considerada isoladamente em relação a ele.".

O desenvolvimento sustentado é definido pela Comissão Mundial sobre Meio Ambiente e Desenvolvimento, através do Relatório Brundtland como *"aquele que atende às necessidades do presente, sem comprometer a possibilidade de as gerações futuras de atenderem a suas próprias necessidades".* [Nosso Futuro Comum, 1991].

Este Princípio se lastreia na necessidade de equilíbrio entre proteção do meio ambiente, crescimento econômico e desenvolvimento social, além de envolver aspectos políticos, como condição ímpar para se alcançar o verdadeiro desenvolvimento sustentável. Desta maneira, garantindo a harmonia entre o homem e a natureza, em um meio ambiente equilibrado e sadio, na esperança de que as futuras gerações também possam ter a oportunidade em usufruir da mesma qualidade de vida e recursos existentes em nosso planeta.

Cabe-nos comentar, ainda, a aversão economicista sobre a aplicabilidade deste princípio, colocando-o na condição de entrave ao desenvolvimento econômico. Ora, nestes casos vale ressaltar Roberto Pereira Guimarães[26], para quem o crescimento econômico ilimitado baseado na crença do desenvolvimento tecnológico, igualmente ilimitado, só é capaz

de produzir a alienação dos seres humanos, transformando-os em robôs que buscam de forma incessante a satisfação de

---

[26] GUIMARÃES, Roberto P. *A ética da sustentabilidade e a formulação de políticas de desenvolvimento.* In: VIANA, Gilney, SILVA, Marina; DINIZ, Nilo *O desafio da sustentabilidade: Um debate socioambiental no Brasil.* São Paulo: Editora Fundação Perseu Abramo, 2001. pp. 67/68.

necessidades que cada vez mais estão menos relacionadas à sobrevivência e ao crescimento espiritual.

A questão é que tal princípio envolve distintos pilares, e seu sucesso depende do equilíbrio destes interesses, *"virtus in medium est"*.

Neste sentido vale transcrever o julgado do Supremo Tribunal Federal:

> *(...) A QUESTÃO DO DESENVOLVIMENTO NACIONAL (CF, ART. 3º, II) E A NECESSIDADE DE PRESERVAÇÃO DA INTEGRIDADE DO MEIO AMBIENTE (CF, ART. 225): O PRINCÍPIO DO DESENVOLVIMENTO SUSTENTÁVEL COMO FATOR DE OBTENÇÃO DO JUSTO EQUILÍBRIO ENTRE AS EXIGÊNCIAS DA ECONOMIA E AS DA ECOLOGIA. - O princípio do desenvolvimento sustentável, além de impregnado de caráter eminentemente constitucional, encontra suporte legitimador em compromissos internacionais assumidos pelo Estado brasileiro e representa fator de obtenção do justo equilíbrio entre as exigências da economia e as da ecologia, subordinada, no entanto, a invocação desse postulado, quando ocorrente situação de conflito entre valores constitucionais relevantes, a uma condição inafastável, cuja observância não comprometa nem esvazie o conteúdo essencial de um dos mais significativos direitos fundamentais: o direito à preservação do meio ambiente, que traduz bem de uso comum da generalidade das pessoas, a ser resguardado em favor das presentes e futuras gerações. (STF, Tribunal Pleno, ADI-MC 3540/DF, Rel. Min. Celso de Mello, DJ 03.02.2006, p. 14).*

Ainda mesmo assim, se entre a dúvida e a certeza, está o tempo que ainda nos resta, dadas quaisquer incertezas e controvérsias, tenhamos então a devida "precaução", que se constitui em um outro importante pilar do direito ambiental.

4.4 O Princípio da Precaução Ambiental

Como já comentamos a Carta Régia de 1797 já trazia ensaios ao princípio da precaução, quando esta afirmava, *"ser necessários **tomar as precauções** para a conservação das matas no Estado do Brazil, e evitar que elas se arruínem e destruam..."* - texto original -. Neste texto, pudemos identificar um marco em nosso ordenamento jurídico ambiental, se colocando como precursor do princípio da precaução no Direito Ambiental brasileiro, já naquela época.

Em tempos modernos, este princípio tem ramificações no direito ambiental alemão, onde é conhecido como *Vorsorgeprinzip*, e vem sendo aplicado desde a década de 70 nas políticas de gestão ambiental.

A Carta Mundial da Natureza, aprovada em 1982 pela Assembleia Geral das Nações Unidas, mesmo omitindo o termo "precaução" em seu texto, bem expressa o sentido de tal princípio em seu § 11, "b", quando assim declara:

> *"As atividades capazes de representar um grande perigo para a natureza, devem ser precedidas de uma análise criteriosa de avaliação, devendo aqueles que promovam tais atividades demonstrar claramente se os benefícios compensam os danos ambientais causados, e, quando não se tem certeza da extensão ou de seus resultados, estas atividades não deverão ser realizadas"* – Tradução nossa.

Ainda nesta ordem internacional, este princípio vem sendo adotado em diferentes convenções internacionais sobre a proteção ambiental, cite-se a exemplo: o Preâmbulo da Declaração Ministerial de Bremen (1984) apresentada na Conferência Internacional sobre Proteção do Mar do Norte, que permitia que os Estados antecipassem suas ações, não esperando por provas conclusivas dos efeitos prejudiciais de determinada atividade para agirem; III Conferência do Mar do Norte, realizada na Haia (1990); o Protocolo de Montreal referente a substâncias que destroem a camada de ozônio (1987, modificado em 1990); e, a Convenção sobre a Diversidade Biológica de 1992, dentre outras.

No entanto, um dos mais importantes enunciados sobre este princípio, surgiu na Declaração do Rio de Janeiro, em 1992, vejamos:

> *"Princípio n° 15 - De modo a proteger o meio ambiente, o princípio da precaução deve ser amplamente observado pelos Estados, de acordo com suas capacidades. Quando houver ameaça de danos sérios ou irreversíveis, a ausência de absoluta certeza científica não deve ser utilizada como razão para postergar medidas eficazes e economicamente viáveis para prevenir a degradação ambiental".*

O próprio ordenamento brasileiro já o enumerou dentre os princípios gerais do Direito Ambiental, no art. 2°, inc. IV do Decreto 5.098/2004.

> *"Art. 2° São princípios orientadores do P2R236, aqueles reconhecidos como princípios gerais do direito ambiental brasileiro, tais como:*
>
> *(...)*
>
> *IV – princípio da precaução"*

A precaução é sem dúvida a melhor solução a se invocar frente a qualquer tipo de *dúvida*[27], qualquer que seja o assunto em questão. Na prática, sobre a ótica de nosso argumento, significa tomar medidas antecipatórias com intuito de se resguardar sobre possíveis danos para o meio ambiente, frente a insuficientes evidências científicas de sua não nocividade.

Nas questões ambientais o tema ganha ainda mais proporções em sua importância e eficiência. Neste ângulo, vejamos o que preleciona alguns dos mais importantes professores do assunto.

Paulo Afonso Leme Machado[28] nos ensina que:

> *"A precaução age no presente para não se ter que chorar e lastimar o futuro. A precaução não só deve estar presente para impedir o prejuízo ambiental, mesmo incerto, que possa resultar das ações ou omissões humanas, como deve atuar para a prevenção oportuna desse prejuízo. Evita-se o dano ambiental através da prevenção no tempo certo."* [2001, p. 57].

Em sede de Direito Ambiental mister também se faz invocar Toshio Mukai[29], citando a precaução como regra

---

[27] Dúvida: A incerteza do espírito, recusa em afirmar ou negar algo. Distinguimos duas formas de dúvida: 1.º a dúvida natural, que acompanha a ausência de conhecimentos certos; 2.º a dúvida metódica ou filosófica, que consiste em duvidar de todos os nossos conhecimentos, mesmo da nossa percepção das coisas do mundo, enquanto não conhecemos o princípio de todo o saber. Fonte: http://www.filoinfo.bem-vindo.net/filosofia/modules/lexico/entry.php?entryID=649

[28] MACHADO, Paulo Afonso Leme. *Direito Ambiental Brasileiro*. São Paulo: Malheiros, 2001. p. 57

[29] CORREIA, Fernando Alves apud Toshio Mukai, Direito Ambiental Sistematizado. Rio de Janeiro, Forense Universitária - Biblioteca Jurídica – 1992, p. 29.

fundamental de proteção ambiental, pactuando dos ensinamentos do professor português Fernando Alves Correia[30], quando afirma que este princípio:

> "... pode ser visto como um quadro orientador de qualquer política moderna do meio ambiente. Significa que deve ser dada prioridade às medidas que evitem o nascimento de atentados ao meio ambiente. Utilizando os termos da alínea a do artigo 3° da Lei (portuguesa) de Bases do Ambiente, as atuações com efeitos imediatos ou a prazo no meio ambiente devem ser consideradas de forma antecipada, reduzindo ou eliminando as causas, prioritariamente à correção dos efeitos dessas ações ou atividades susceptíveis de alterarem a qualidade do ambiente". [1992, p. 29]

Ainda nas preciosas lições sobre o princípio da precaução no direito ambiental, Machado[31] instrui sabiamente:

> "Não é preciso que se tenha prova científica absoluta de que ocorrerá dano ambiental, bastando o risco de que o dano seja irreversível ou grave para que não se deixe para depois as medidas efetivas de proteção ao ambiente. Existindo dúvida sobre a possibilidade futura de dano ao homem e ao ambiente a solução deve ser favorável ao ambiente e não a favor do lucro imediato - por mais atraente que seja para as gerações presentes." [1994, p. 37].

---

30 Fernando Alves Correia: Professor Catedrático da Faculdade de Direito da Universidade de Coimbra, Portugal.

31 MACHADO, Paulo Affonso Leme. Estudos de Direito Ambiental, São Paulo, Malheiros, 1994, p. 37.

Portanto, se justifica uma atitude de precaução diante de circunstâncias de incertezas científicas, podemos entender que sua lógica nos remete a um posicionamento *in dubio pro natura* e *in dubio pro salute*, conduzindo à tomada de decisões sempre em favor da preservação do meio ambiente e em favor da vida.

É evidente que o aquecimento global pode nos trazer consequências indesejadas. Basta verificar a recente onda de catástrofes naturais que assola nosso planeta. Não há como negar os tsunamis, enchentes, furacões e terremotos avassaladores.

No entanto, frente a estes indícios científicos razoáveis, já é possível agir preventivamente, ainda que sem assento na comprovação científica, fundada na verdade absoluta.

Desta forma a atribuição de comprovar a segurança ao meio ambiente e a saúde, serão consequências desta medida de precaução, ao ponto em que se inverte o ônus da prova, a responsabilidade de produzir resultados científicos seguros, constituir-se-á, portanto, a consequência destas medidas.

Ou seja, diante dos indícios científicos razoáveis sobre a nocividade das causas e efeitos do aquecimento global, a precaução ambiental é o instrumento ideal para se construir uma política de redução das emissões de gases de efeito estufa. Minimizando assim o aquecimento global e a consequente potencialização das mudanças climáticas, cabendo a quem discordar, apresentar a prova científica contundente contra a medida.

No entanto é percebido que o reconhecimento, a internacionalização e a vontade de se aplicar este instituto, são os maiores desafios a se vencer.

Enfim.

O Direito Ambiental e os Desafios do Século.

O Direito Ambiental é, sem sombra de dúvida, uma das mais recentes e mais desafiadoras construções do pensamento jurídico. Sua origem moderna remonta às grandes conferências internacionais do século XX, quando a humanidade, pela primeira vez, passou a encarar os limites de sua própria existência. Até então, o direito era pensado para mediar conflitos entre indivíduos, classes e nações, mas raramente se reconhecia que a própria natureza - o solo, a água, o ar, a biodiversidade - pudessem ser vítimas de agressões e carecessem de proteção normativa.

A partir da Conferência de Estocolmo, em 1972, e mais tarde da Rio-92, firmou-se a ideia de que o meio ambiente saudável é um *direito humano fundamental*. Contudo, o caminho para transformar esse princípio em prática tem se mostrado árduo. O direito ambiental precisa enfrentar não apenas a lentidão na atualização legislativa e a ineficácia de muitas normas, mas, sobretudo, a velocidade assustadora com que a crise climática avança, já provocando danos irreparáveis por todo planeta.

Danos mais velozes que a proteção legislativa.

Vivemos uma realidade paradoxal: os *desafios ambientais se impõem e transformam diariamente*, na mesma medida em que novas descobertas ou mesmo suas incertezas científicas revelam a gravidade dos impactos sobre os humanos e o próprio planeta. O aumento da concentração de gases de efeito estufa, a intensificação dos eventos climáticos extremos, o degelo acelerado das calotas polares, a desertificação em várias regiões e a perda vertiginosa da biodiversidade avançam em ritmo muito mais rápido do que os parlamentos e cortes jurídicas conseguem responder.

Não se pode deixar de mencionar que, em muitos casos, a legislação ambiental tem surgido como *resposta tardia e reativa a cada evento danoso ou crime ambiental*. Tragédias impulsionam normas que, ao invés de simplificar e fortalecer a prevenção, frequentemente se tornam *novos instrumentos de burocratização*, criando camadas de exigências formais muitas vezes desnecessárias. Esse excesso normativo, mal estruturado e pouco fiscalizado, em vez de ampliar a proteção ambiental, acaba gerando *ineficiência, descrédito e elevado índice de descumprimento*, transformando o Direito Ambiental em um fardo, quando deveria ser uma ferramenta ágil e efetiva de justiça e preservação.

Enquanto a ciência avança e alerta, a lei hesita. Entre a constatação científica e a criação de uma norma eficaz, pode haver décadas de atraso. Nesse hiato, o planeta continua a se degradar. Eis um dos maiores desafios do direito ambiental: como criar mecanismos suficientemente ágeis para acompanhar uma crise que não espera.

A fragmentação global e o impasse da cooperação,

Outro obstáculo é a *fragmentação da governança global*. Cada nação carrega sua cultura, seus interesses estratégicos e sua visão particular de desenvolvimento. Países industrializados hesitam em renunciar a privilégios históricos; países em desenvolvimento reclamam do direito legítimo ao crescimento econômico. Esse descompasso cria uma colcha de retalhos de normas, tratados e acordos que, embora importantes, não se comunicam plenamente entre si e não se revestem da eficiência necessária.

As Conferências do Clima (COPs) mostram bem essa dificuldade. Embora representem avanços diplomáticos, as metas são frequentemente tímidas diante da urgência. Os compromissos, quando assumidos, não raros, esbarram na falta de mecanismos de cumprimento obrigatório. Enquanto isso, os impactos do aquecimento global não reconhecem fronteiras nacionais: um furacão não pede visto para devastar um país, uma seca prolongada não consulta tratados internacionais antes de arrasar colheita e colocar em risco a segurança alimentar do mundo.

O papel essencial do Direito Ambiental

Apesar de seus limites, *o Direito Ambiental é um instrumento insubstituível.* Ele dá forma normativa ao consenso científico e ético de que precisamos proteger a vida. Ele transforma a consciência coletiva em regras jurídicas, estabelece deveres de conduta e cria mecanismos de responsabilização. Mais do que um corpo de leis, ele é um *caminho para a justiça intergeracional:* assegurar não apenas os direitos da geração presente, mas também daqueles que ainda nem nasceram.

Ao enfrentar os impactos do aquecimento global, o Direito Ambiental se revela fundamental. É por meio dele que podemos criar normas que limitem emissões, responsabilizem empresas poluidoras, incentivem tecnologias limpas e obriguem governos a agir. É por meio dele que podemos sonhar com a existência de *tribunais internacionais para crimes ambientais,* com *novos contratos mundiais de cooperação climática* e com o reconhecimento jurídico da própria *Natureza como sujeito de direitos.*

Entre a escolha e a omissão.

Se há algo que a crise climática nos ensina é que não podemos nos esconder na neutralidade. A ausência de decisão também é uma escolha - e, neste caso, uma escolha pelo colapso. Temos diante de nós duas alternativas: ou fortalecemos uma *aliança global guiada pelos princípios do direito ambiental* ou condenamos a nós mesmos e às futuras gerações à incerteza e ao sofrimento.

Ainda temos tempo, tecnologia e conhecimento. O que falta é coragem. Coragem para assumir que não somos donos da Terra, mas seus guardiões. Coragem para reconhecer que justiça não é apenas dar a cada um o que lhe cabe, mas garantir a vida em todas as suas formas.

Chamado à ação.

O desafio é imenso, mas não insuperável. O Direito Ambiental pode ser a chave para uma nova era de responsabilidade global, onde justiça e sustentabilidade se tornam inseparáveis. Precisamos acreditar que o Direito é o caminho da justiça, e que a justiça é o único alicerce capaz de sustentar a esperança.

Também se percebe que padrões atuais de produção e consumo estão em rota de colisão com o equilíbrio da natureza, que poderá culminar como uma massiva extinção de espécies. Os benefícios do desenvolvimento que estamos promovendo são bastante questionados, pois a degradação ambiental, a diferença social, a injustiça e os conflitos se estabelecem cada vez mais.

Nesta trajetória o fracasso será inevitável.

Por outro lado, negar ao Direito Ambiental seu papel é aceitar a barbárie. Reconhecê-lo, fortalecê-lo e expandi-lo é afirmar que ainda queremos existir como humanidade. Que ainda acreditamos que a vida merece ser defendida. Que ainda somos capazes de construir um futuro em que o aquecimento global não seja a sentença final da nossa espécie, mas o ponto de virada para uma civilização mais justa, mais solidária e mais sustentável.

FONTES: Pesquisa e bibliografia.

ARNAUD, André-Jean. *O direito entre modernidade e globalização: lições de filosofia do direito e do Estado.* Tradução: Patrice Charles Wuillaume. Rio de Janeiro: Renovar, 1999.

BENJAMIM, Antônio Herman. *Anais do 3º Congresso Internacional de Direito Ambiental,* V.I. São Paulo: IMESP, 1999.

BOBBIO, Noberto. *A era dos direitos:* tradução de Carlos Nelson Coutinho – Rio de Janeiro: Campus, 1992

BORGES, Anselmo. *O crime ecológico na perspectiva filosófico-teológica,* Revista Portuguesa de Ciência Criminal. 2000.

BRASIL. *Constituição da República Federativa do Brasil.*1988.

__, DECRETO n .6.263, de novembro de 2007.

__, DECRETO n. 01, de 03 de fevereiro de 1994.

__, DECRETO n. 144, de 20 de junho de 2002.

__, DECRETO n. 2.652, de 1º de julho de 1998.

__, DECRETO n. 3.515, de 20 de junho de 2000.

__, DECRETO n. 333, de 24 de julho de 2003.

__, DECRETO n. 5.208 de 17 de setembro de 2004.

__, DECRETO n. 5445, de 12 de maio de 2005.

__, *Emissões de Gases de Efeito Estufa nos Processos Industriais e por Uso de Solventes.* Ministério da Ciência e Tecnologia. 2002. Disponível em www.mct.gov.br/clima, acessado em 01 de junho de 2009.

__, LEI FEDERAL 11.097, de 14 de janeiro de 2005.

__,LEI FEDERAL n° 6938, de 31 de agosto de 1981.

__, Plano Nacional de Mudança do Clima. Brasília, dezembro de 2008. Disponível em www.mct.gov.br/clima. Acessado em 25 de maio de 2009.

__, PROJETO DE LEI FEDERAL n. 3.535, de 5 de junho de 2008.

__, PROTOCOLO DE KYOTO, de 11 de dezembro de 1997.

CANOTILHO, José Joaquim Gomes. *Introdução ao direito do ambiente.* Lisboa: Universidade Aberta, 1998.

CARTA DA TERRA. Autor: Programa das Nações Unidas para o Desenvolvimento - UNDP. Fonte: [et] EcoTerra Brasil - Domínio Publico.

CASARA, Ana Cristina. *Direito Ambiental do Clima e Créditos de Carbono.* 1ª edição. Juruá Editora. Curitiba. 2009.

CASTRO, Manuel Cabral de. *Desenvolvimento sustentável: a genealogia de um novo paradigma.* In: Revista Economia & empresa. São Paulo, v. 3, n.3, julho/setembro de 1996, p.07.

CIMA – *O desafio do desenvolvimento sustentável.* Relatório do Brasil para a conferência das Nações Unidas sobre o Meio Ambiente e Desenvolvimento - CIMA/CNUMAD – Brasília, 1991.

CONSTITUIÇÃO DA REPÚBLICA FEDERATIVA DO BRASIL DE 1988, São Paulo – Revista dos Tribunais, 2007. 5ªed.

CORREIA, Fernando Alves apud Toshio Mukai, *Direito Ambiental Sistematizado.* Rio de Janeiro, Forense Universitária - Biblioteca Jurídica – 1992DEWAR, Elaine. *Uma demão de verde: os laços entre grupos ambientais, governos e grandes negócios.* Rio de

Janeiro: Capax Dei, 2007, p. 336.

DIEGUES, Antônio Carlos. *O mito da natureza intocada.* 2ª ed., São Paulo: Hucitec, 1996.

GUERRA, Sidney, *Direito Ambiental – legislação*. Ed. 3. Lúmen Júris Editora, Rio de Janeiro. 2007

GUIMARÃES, Roberto P.. *A ética da sustentabilidade e a formulação de políticas de desenvolvimento*. In: VIANA, Gilney; SILVA, Marina; DINIZ, Nilo. *O desafio da sustentabilidade: Um debate socioambiental no Brasil*. São Paulo: Editora Fundação Perseu Abramo, 2001

IPCC, Climate Change 2007: *Synthesis Report – Summary for Policymakers*, http://www.ipcc.ch/pdf/assessment-report/ar4/syr/ar4_syr_spm.pdf.

KOURILSKY, Philippe; VINEY. *Geneviève. Le Príncipe de Précaution*. Paris: Odile Jacob, 2000.

KRASNER, S. (Ed.). *International Regimes*. Ithaca: Cornell University Press, 1983.

LAGO, André Aranha C. do. *Estocolmo, Rio e Joanesburgo: o Brasil e as três conferências ambientais das Nações Unidas*. Brasília: IRBr/FUNAG, 2006.

LIMIRO, Danielle. *Créditos de Carbono - Protocolo de Kyoto e Projetos de MDL. 170 págs.*. Publicado em: 28/5/2008. Editora: Juruá Editora

MACHADO, Paulo Affonso Leme. *Direito ambiental brasileiro*. 7ª edição. São Paulo: Malheiros, 1998.

MACHADO, Paulo Afonso Leme. *Direito Ambiental Brasileiro*. São Paulo: Malheiros, 2001.

MAGALHÃES, Juraci Perez. *A Evolução do Direito Ambiental no Brasil*. São Paulo: Oliveira Mendes, 2002.

MAZZUOLI, Valerio de Oliveira, *Curso de direito internacional público*, 3ª ed., rev., atual. e ampl., Sao Paulo: RT, 2009.

MCCORMICK, John, 1964. Rumo ao Paraíso: a história do movimento ambientalista; tradução de Marco Antônio Esteves da Rocha e Renato Aguiar. – Rio de Janeiro: Relume-Dumará, 1992.

MILARÉ, Edis. Direito do Ambiente: doutrina – prática – jurisprudência –

glossário. 4a. ed. rev. e atual. São Paulo: Revista dos Tribunais. 2005.

MILARÉ, Edis. COSTA, Paulo. Direito Penal Ambiental Comentários à Lei

9.605/98. Campinas: Ed. Millenium, 2002.

MILARÉ, Edis. Direito do ambiente. 2ª ed. Rev., atual. e ampl. São Paulo : Editora RT, 2001.

MINISTERIO DA CIENCIA E TECNOLOGIA - MCT. Primeiro Inventário

Brasileiro de Emissões Antrópicas de Gases de Efeito Estufa. Brasília: MCT, 2006b. 127p.

MORAES, Alexandre de. Direito Constitucional, 8ªedição, São Paulo, Ed. Atlas, 2000.

NOSSO FUTURO COMUM. Comissão Mundial sobre Meio Ambiente e Desenvolvimento. 2 ed. Rio de Janeiro: Ed. da FGV, 1991.

PIOVESAN, Flávia. Direitos humanos e o direito constitucional internacional. 4ª Edição. São Paulo: Max Limonad, 2000.

SABBAG, Bruno Kerlakian. O Protocolo de Quioto e seus Créditos de Carbono - Manual Jurídico Brasileiro de Mecanismo de Desenvolvimento Limpo. Editora: LTR 1ª Edição, São Paulo, 2008.

SACHS, Ignacy. Rumo à ecossocioeconomia: teoria e prática do desenvolvimento. Organizador: Paulo Freire Vieira. São Paulo: Cortez, 2007.

SAMPAIO, Alberto José (relator) 1935. Relatório Geral da Primeira Conferência Brasileira de Proteção à Natureza. In: Boletim do Museu Nacional, v. XI, n. 1, março.

SANTILLI, Marcio et al. O Brasil e as Mudanças Climáticas Globais. In: CAMARGO, Aspásia et al (orgs.). Meio-Ambiente Brasil: avanços e obstáculos pós-Rio-92. São Paulo: Estação Liberdade: Instituto Socioambiental; Rio de Janeiro: Fundação Getúlio Vargas, 2002.

SILVA, José Afonso da. *Direito Ambiental Constitucional*. São Paulo. Editora Malheiros, 1994.

SILVA, José Afonso. *Curso de Direito Constitucional Positivo*. 27a. edição - São Paulo. Editora Malheiros, 2006.

SKINNER, B.J. & Porter, S.C. 2000. *The dynamic Earth. An introduction to physical geology*. Fourth edition. New York: John Wiley & Sons, Inc..

SOUZA, Paulo Roberto Pereira de. *O Direito Brasileiro, a Prevenção de Passivo Ambiental e seus Efeitos no Mercosul*. Scientia Juris, Londrina, 1997

SOUZA, Rafael Pereira, *Aquecimento Global e Créditos de Carbono*, Ed. Aquecimento Global e Créditos de Carbono, 310 pg, Edição 1.

UNESCO. International Union for Conservation of Nature and Natural Resources, United Nations Environment Programme, WWF - World Wildlife Fund. World Conservation Strategy: *Living Resource Conservation for Sustainable Development*. IUCN, 1980. .

UNFCCC (1992). *Convenção sobre Mudança do Clima*, Ministério da Ciência e Tecnologia, Brasília, Brasil (disponível em http://www.mct.gov.br/clima/).

"Deus acertou em cheio quando limitou nossa inteligência. Mas cochilou, quando não limitou a nossa ignorância".

Neylor Aarão dedica sua trajetória
à defesa do meio ambiente. Advogado e especialista
em Direito Ambiental, Constitucional e Administrativo,
construiu sólida experiência na gestão pública e na
atuação como perito ambiental. Além do universo
jurídico, encontrou na comunicação uma forma de
ampliar vozes e despertar consciências: escreveu,
palestrou e levou para a televisão a série
*O Ambientalista, que revelou os dez grandes crimes
ambientais do Brasil. Reconhecida internacionalmente,
a produção recebeu, em 2019, o prêmio de Melhor*
Curta-Metragem no International Uranium Film Festival,
com o impactante episódio *Cidade Radioativa.*
Sua obra combina conhecimento técnico, sensibilidade
e compromisso com a transformação social
e ambiental de forma sustentável.

Siga o autor no Instagram

NEYLORAARAO

M Gmail

neyloraarao@gmail.com

www.ingramcontent.com/pod-product-compliance
Lightning Source LLC
Chambersburg PA
CBHW070119230526
45472CB00004B/1323